中国企业对缅甸直接投资的区域软环境建设研究

马 纳 著

中国社会科学出版社

图书在版编目(CIP)数据

中国企业对缅甸直接投资的区域软环境建设研究 / 马纳著. —北京：中国社会科学出版社，2021.12
ISBN 978-7-5203-9148-1

Ⅰ.①中⋯ Ⅱ.①马⋯ Ⅲ.①投资环境—研究—缅甸
Ⅳ.①F133.7

中国版本图书馆 CIP 数据核字（2021）第 187385 号

出 版 人	赵剑英
责任编辑	王莎莎
责任校对	张爱华
责任印制	张雪娇

出　　版	中国社会科学出版社
社　　址	北京鼓楼西大街甲 158 号
邮　　编	100720
网　　址	http://www.csspw.cn
发 行 部	010-84083685
门 市 部	010-84029450
经　　销	新华书店及其他书店
印　　刷	北京明恒达印务有限公司
装　　订	廊坊市广阳区广增装订厂
版　　次	2021 年 12 月第 1 版
印　　次	2021 年 12 月第 1 次印刷
开　　本	710×1000　1/16
印　　张	14
插　　页	2
字　　数	179 千字
定　　价	88.00 元

凡购买中国社会科学出版社图书，如有质量问题请与本社营销中心联系调换
电话：010-84083683
版权所有　侵权必究

前　言

　　自 2011 年缅甸民主改革加速推进，中国企业对缅甸投资的规模和总量不断上升，但中国对缅甸投资日益高涨的激情却与缅甸不断上升的反华排华情绪形成鲜明的对比，多个重大投资项目遭到严重抵制，损失惨重，最为典型的是密松水电站和莱比塘铜矿项目。缅甸的区位优势及发展态势对中国"一带一路"倡议的推进举足轻重，而中国企业对缅甸的投资却举步维艰，一定程度上与缅甸投资软环境建设有极大的关系。

　　本书以新经济地理学中文化和制度转向理论为基础，通过分析缅甸软环境对中国投资的影响因素，构建适于缅甸民主转型期的以制度、社会、文化和舆论环境为准则层的投资软环境评价指标体系，并应用于缅甸区域软环境的评价，以此获取投资软环境建设的科学依据；在深入分析中国企业对缅甸投资的主要问题和发展态势基础上，以软环境建设为视角，提出中国企业对缅甸投资实现可持续发展的对策建议。具体研究结论归纳如下：第一，投资软环境的构成确定为制度环境、社会环境、文化环境和舆论环境四个核心要素；评价体系由 4 个一级指标，19 个二级指标，71 个三级指标构成；第二，以中国企业为主体的缅甸投资软环境评价结果显示：在全国层面上，总体评价为"中等"，制度、社会、文化和舆论环境的评价分别为"较差"

"良好","良好""良好";从区域层面来看,缅甸中部的软环境最适于投资,而北部则十分堪忧;第三,中国企业对缅甸"投资越多,抵制越强"的根本原因是利益分配机制问题;第四,以软环境建设为视角的中国企业对缅甸直接投资应以"利益共享"为导向,在制度、社会、文化、舆论环境方面,通过中国政府"参与式"和企业"嵌入式"建设,实现"本地结网",进而保障中缅经贸合作的顺利实施。

我的博士研究方向是人文地理学之区域经济,把地域的经济发展问题放在地缘政治、社会、文化等背景下进行探讨,这是能够系统化提出问题解决对策的有效路径。自2015年,我开始就中国企业对缅甸投资的情况进行调研,经过反复的论证和修改,2018年年底,形成了博士论文终稿。本书是在博士论文的基础上,根据新近缅甸的投资软环境的变化进一步修改完善形成的。在成书的过程中,我始终本着系统化、规范化的原则,高起点、宽视野地研究好中国企业投资缅甸的软环境评价体系与建设问题,力促研究成果能具有理论和应用价值:拓展这个领域可应用的研究理论,拓宽研究视角;所构建的投资软环境评价指标体系能为以软环境建设为视角,探索解决中国企业对缅甸投资受阻问题提供新思路,维护我国海外利益,实现中国企业"维权、维稳、合作、发展",助力推进"一带一路"倡议的实施。

书作得以顺利完成,离不开恩师武友德教授的敦敦教诲,恩师的治学态度和学科素养是激励我前行的动力。同时,特别感谢骆华松教授、周智生教授和李灿松教授以及众多学者给予我的鼓励和帮助。另外,由导师武友德教授主持,我作为课题组成员参与的2016国家社会科学基金重大项目《中缅泰老"黄金四角"跨流域合作与共生治理体系研究》为本书调研和论证过程提供大量数据支撑,在此对课题组学者们的努力表示衷心感谢。

目前针对中国企业对外直接投资受阻的研究主要集中在经济学和

社会学领域，具体为企业对外投资的方式、融资的途径、社区文化建设、投资区域福利建设等，较少有文献从地理学的视角，评价东道国的区域软环境，并以投资软环境建设为视角提出保障中国企业对缅甸直接投资顺利实施的对策。基于投资国视角的投资软环境评价和建设研究是一项新课题，许多理论和方法都有待进一步完善，由于我水平有限，本书难免有纰漏乃至不当之处，敬请斧正。

马 纳
2021 年 5 月 1 日于云南师范大学

目　　录

前　言 …………………………………………………………（1）

导　论 …………………………………………………………（1）
  第一节　问题提出 …………………………………………（1）
  第二节　文献综述 …………………………………………（3）
    一　区域投资软环境建设研究 …………………………（3）
    二　企业嵌入性研究 ……………………………………（7）
    三　中国企业境外投资的现状研究 ……………………（8）
    四　中国企业对缅甸投资的现状研究 …………………（19）
    五　研究评述 ……………………………………………（25）
  第三节　概念解析 …………………………………………（27）
    一　投资软环境 …………………………………………（27）
    二　制度环境 ……………………………………………（29）
    三　社会环境 ……………………………………………（29）
    四　文化环境 ……………………………………………（29）
    五　舆论环境 ……………………………………………（29）
    六　企业嵌入式投资 ……………………………………（30）
  第四节　理论基础 …………………………………………（30）

一　新经济地理学理论 ……………………………………（30）
　　二　区域投资环境分异理论 ………………………………（31）
　　三　地域分工学说 …………………………………………（32）
　　四　区位理论 ………………………………………………（33）
　　五　小岛清理论 ……………………………………………（34）
　　六　企业嵌入性理论 ………………………………………（34）
　第五节　研究思路、内容和方法 ……………………………（37）
　　一　研究思路 ………………………………………………（37）
　　二　研究内容 ………………………………………………（37）
　　三　研究方法 ………………………………………………（38）

第一章　缅甸投资软环境对中国企业投资的影响因素 ……（40）
　第一节　利益分配机制对中国企业投资的影响 ……………（40）
　第二节　区域制度建设对中国企业投资的影响 ……………（44）
　第三节　区域社会结构对中国企业投资的影响 ……………（46）
　第四节　区域文化差异对中国企业投资的影响 ……………（47）
　　一　缅甸中部文化与中国投资 ……………………………（48）
　　二　缅甸西部文化与中国投资 ……………………………（48）
　　三　缅甸东部文化与中国投资 ……………………………（49）
　　四　缅甸南部文化与中国投资 ……………………………（50）
　　五　缅甸北部文化与中国投资 ……………………………（50）
　　小结 …………………………………………………………（51）

第二章　中国企业对缅甸直接投资的区域软环境评价
　　　　　体系构建 ……………………………………………（53）
　第一节　区域投资软环境评价方法 …………………………（53）

一　层次分析法 …………………………………………………… (54)
　二　专家调查法 …………………………………………………… (55)
第二节　区域投资软环境评价指标体系构建 ……………………… (55)
　一　投资软环境的特点 …………………………………………… (55)
　二　指标体系构建的基本原则 …………………………………… (56)
　三　指标体系设计的基本思路和方法 …………………………… (57)
　四　指标选取 ……………………………………………………… (57)
　五　权重确定 ……………………………………………………… (62)
　六　评价指标体系及相应权重 …………………………………… (63)
　小结 ………………………………………………………………… (66)

第三章　中国企业对缅甸直接投资的区域软环境评价 …………… (68)
　第一节　中国企业对缅甸直接投资的现状及特征 ……………… (69)
　　一　缅甸地缘环境与中国企业直接投资 ……………………… (69)
　　二　中国企业对缅甸投资的现状 ……………………………… (70)
　　三　中国企业对缅甸投资的特征 ……………………………… (72)
　　四　中国企业对缅甸投资的时空演变格局 …………………… (77)
　第二节　中国企业对缅甸直接投资的软环境总体评价 ………… (86)
　　一　制度环境评价 ……………………………………………… (86)
　　二　社会环境评价 ……………………………………………… (90)
　　三　文化环境评价 ……………………………………………… (93)
　　四　舆论环境评价 ……………………………………………… (95)
　　五　缅甸投资软环境总体评价 ………………………………… (98)
　第三节　中国企业对缅甸投资软环境的区域评价 ……………… (101)
　　一　缅甸的区域划分 …………………………………………… (101)
　　二　缅甸投资软环境的区域评价 ……………………………… (103)

小结 …………………………………………………………（107）

第四章 中国企业对缅甸直接投资的主要问题和发展态势……（109）

第一节 缅甸民主改革后中国企业对缅甸投资面临的主要问题 ……………………………………………（109）
一 中国企业对缅甸投资的风险 ……………………（109）
二 中国对缅甸投资企业的自身反思 ………………（122）

第二节 大国干预下中国企业对缅甸投资的态势 ………（127）
一 大国干预对中国企业投资缅甸的影响 …………（127）
二 大国干预下的中国企业对缅甸投资 ……………（132）

第三节 民主改革后缅甸各阶层对中国企业投资的态度转变 ……………………………………………（137）
一 缅甸各阶层对"一带一路"倡议下中国企业投资的态度 ……………………………………（137）
二 缅甸官方对中国企业投资的态度 ………………（138）
三 缅甸社会对中国企业投资的态度 ………………（139）
四 媒体对中国企业投资的态度 ……………………（141）
五 缅甸各阶层对中国企业投资的态度转变 ………（143）
小结 …………………………………………………………（145）

第五章 中国企业对缅甸投资软环境建设的对策建议…………（146）

第一节 中国企业对缅甸投资软环境建设的途径 ………（146）
一 利益分享机制 ……………………………………（147）
二 本地结网机制 ……………………………………（149）

第二节 中国企业对缅甸投资软环境建设的对策建议 ………（151）
一 制度环境建设 ……………………………………（151）

二　社会环境建设 …………………………………………（162）
三　文化环境建设 …………………………………………（172）
四　舆论环境建设 …………………………………………（176）
五　其他方面的对策建议 …………………………………（180）
小结 ……………………………………………………………（184）

第六章　结论与展望 ………………………………………（186）
一　研究结论 ………………………………………………（186）
二　创新之处 ………………………………………………（189）
三　研究展望 ………………………………………………（191）

参考文献 ……………………………………………………（193）

导 论

第一节 问题提出

美国学者爱德华·卢特沃克的地缘经济理论指出:"随着海外投资替代军火,民间创新替代军事科技进步,市场渗透代替驻军和基地,商业工具正代替军事工具推动国际社会的发展。"① 对外直接投资是企业发展的需要,更是投资国增强实力、谋求发展的战略需要。

随着中国综合国力的不断提升,"走出去"成为中国影响世界的重要方式,也成为中华民族伟大复兴的重要途径,中国对外直接投资迅速发展。联合国贸易和发展会议《2017 年世界投资报告:投资与数字经济简要解读》指出:2016 年中国对外直接投资总额为 1830 亿美元,首次成为全球第二大投资国②。商务部数据显示:2017 年,中国共对全球 174 个国家和地区的 6236 家境外企业进行非金融类直接投资,累计实现投资 8107.5 亿元人民币,同比下降 28.2%③;其中,

---

① 郭锐:《冷战后地缘理论的发展与嬗变——学理依据、研究框架与后现代转向》,《教学与研究》2012 年第 11 期。
② 搜狐财经:《2017 年世界投资报告:投资与数字经济简要解读》,http://www.sohu.com/,2017 年 12 月 12 日。
③ 中华人民共和国商务部对外和经济合作司:《2017 年我国对外非金融类直接投资简明统计》,http://hzs.mofcom.gov.cn/,2018 年 4 月 7 日。

对"一带一路"沿线的59个国家非金融类直接投资143.6亿美元，同比下降1.2%，占同期总额的12%，较上年提升了3.5个百分点①。

中国对外直接投资不断增加，成为世界投资大国。同时，中国对外投资的数量和风险成正比显像，形成了"投资越多，风险越高，抵制越强"的态势。中国企业对外直接投资在东道国遭遇的毁约浪潮大量出现，不利于中国投资的因素也不断攀升。什么原因造成中国企业对外直接投资越多而反对呼声越高的尴尬局面？如何处理好领国外交关系，促进周边国家在中国对外开放的前进道路上共同获益，协同发展，这成为中国对外发展的关键。

缅甸因其"兵家必争之地"的地缘特征，"闭关锁国—对外开放"的经济格局演变带来的重大发展机遇，以及丰富的能源资源，成为实施"重返亚太"战略的美国、"东进"战略的印度、"自由之弧"战略的日本等国家高度关注的"热点区域"，也是中国推进"一带一路"倡议的关键节点。中缅两国，虽然实力悬殊较大，但胞波情谊深厚，"共商、共建、共享"一直是中国对缅甸外交发展的原则。然而自2011年缅甸民主改革加速推进以来，中国企业在缅甸投资的多个项目遭遇到来自缅甸各方的抗议和抵制。合约撕毁、项目停工等各种羁难使中国投资损失惨重。缅甸的区位及发展对中国"一带一路"倡议的推进举足轻重，而中国企业在缅甸的投资却举步维艰，一定程度上与缅甸的投资软环境建设有极大的关系。外商直接投资是跨国公司的投资需求与东道国社会经济及政策制度等环境相互契合的结果，是推动区域经济增长的重要动力②。对外直接投资的本质就是在深入了解投资地社会、经济、文化和制度的基础上揭示各系统的运作规律，

---

① 中华人民共和国商务部对外和经济合作司：《2017年我对"一带一路"沿线国家投资合作情况》，http://hzs.mofcom.gov.cn/，2018年4月7日。

② 李欣：《1990年代中国大城市外商直接投资选址空间分布特征研究》，同济大学出版社2006年版，第126页。

从而建设或者参与建设有利于投资企业实现成功投资的东道国软环境，促进投资企业因地制宜的可持续发展。因此，投资软环境建设的核心是促进投资企业有效嵌入当地社会文化发展进程，最终实现投资项目的顺利开展。

鉴于此，本书从新经济地理学社会、文化和制度转向的视角对投资区域软环境进行系统研究，解决的根本问题是：什么样的环境是投资国顺利实现投资目标的软环境？投资国怎样评价东道国的区域软环境？投资企业如何以软环境建设为出发点保障投资项目的顺利实施？本书通过解构投资软环境的核心要素，建立合理的评价指标体系，并应用于中国企业对缅甸投资的区域软环境评价，以投资软环境建设为视角提出投资企业实现因地制宜可持续发展的对策建议，最终解决中国企业对缅甸"投资越多，抵制越强"的尴尬困境。

同时，不断上升的中国企业投资与一些排华矛盾凸显的问题不仅是缅甸问题更是中国在全球投资中存在的问题，例如中国企业在叙利亚、伊拉克、利比亚、乌克兰等都遭遇了突发性项目推迟、暂停甚至合约撕毁的情况。因此，本书对缅甸投资研究的结论，可以为解决中国企业海外投资困境提供参考意见。

第二节　文献综述

一　区域投资软环境建设研究

（一）区域投资软环境概念和意义研究

投资环境是影响和制约投资这种社会经济行为的条件总和。对于什么是投资环境，众多学者都做出了更加详细和客观的诠释。杨建喜指出投资环境是"影响或者制约投资活动及其结果的一切外部条件的总和，它包括与一切投资项目相关的政治、经济、自然社会等诸方面的因素"①。白重恩等认为投资环境包括国家层面的因素、政府机构和制度层面的因素以及基础设施层面的因素三个方面②。厉以宁认为投资环境是指实施投资活动的外部条件,包括硬环境和软环境③。郭信昌认为投资环境是东道国所具备的影响国际直接投资进入决策和预期效益的各种因素的有机整体④。

对于以地理学为视角的投资环境的概念,王笑寒认为区域投资环境是指一个地区在一定时期内拥有的对外投资活动有影响的因素和条件的综合系统⑤。崔宏楷提出"区域投资环境是表象,区域系统是实质,区域的性质、结构和发展决定了区域投资环境的面貌及其变化趋势,从而对投资或资本流动产生深刻的作用,影响其空间运动的规律"⑥。

无论是基于经济学的投资环境还是基于地理学的区域投资环境,从物理属性来看,分为物质形态的硬环境和非物质形态的软环境。

什么是投资软环境?张红河认为软环境是人们在特定社会生产和生活中创造和反映出的体制和精神境况的总和,它是人创造的,体现人的意志和精神,反映人的能力;它具有系统性和综合性,其所包含的人文环境、教育环境、法治环境、卫生环境、治安环境等因子紧密联系,互相影响⑦。杜远阳等认为区域投资软环境是一个区域所具有的能影响投资活动的一切外在因素的有机综合,是影响投资投向、资本运行和效益获取的外在因素的综合系统,包含政治、历史、文化等

---

① 杨建喜:《工业地产投资环境评价研究》,博士学位论文,大连理工学院,2010年。
② 白重恩等:《投资环境对外资企业效益的影响》,《经济研究》2004年第9期。
③ 厉以宁:《市场经济大辞典》,新华出版社1993年版,第439页。
④ 郭信昌主编:《投资环境分析·评价·优化》,中国物价出版社1993年版,第27页。
⑤ 王笑寒:《区域投资环境评价体系研究》,硕士学位论文,兰州商学院,2009年。
⑥ 崔宏楷:《中国区域投资环境评价研究》,博士学位论文,东北林业大学,2007年。
⑦ 张红河:《软环境建设与区域经济发展》,《河北大学学报》(哲学社会科学版)2001年第3期。

诸多方面，是各种因素相互作用、相互制约的有机整体[①]。沈滨等认为投资软环境主要由以人为建设中心的诸多因素构成，包括政策政务、法律制度、社会文化、人力资源、经济体制、社会信用等[②]。王守伦指出"投资软环境是相对于固定、稳定且可见的硬环境而言的，指那些处于不可见状态，具有一定的人为特征且极易受其他因素影响的环境，包括宏观区域经济环境、制度环境、政务环境、经营环境、市场环境、人文环境、社会综合环境等"[③]。张炳照认为投资软环境是指以政策法规、服务体系和人口素质为主的投资影响因素的有机结合体[④]。蒋满元认为软环境是指影响国际投资的非物质因素，包含政策、法规、经济管理水平、社会文化传统等[⑤]。麻彦春等认为投资软环境是一个地区市场化发育程度、经济竞争能力、政府管理水平等的综合体现，区域内一切影响投资的正式制度和非正式制度都是投资软环境的组成部分，包括一个地区的发展状况、发展潜力、政府和民众为吸引投资而做出的努力和承诺[⑥]。

随着投资的深度和广度以及投资面临的问题，当前的区域投资越来越重视软环境建设。杜远阳等认为"吸引外资的竞争就是投资软环境的竞争"，对于东道国，加强区域软环境建设就是提升外资进入的核心竞争力；对于投资国，为了保证本国企业对外投资的利益，需要在东道国的领域上，以其法律法规和社会文化为基础，建设适于本国

[①] 杜远阳、林震：《区域经济与投资软环境建设探讨》，《集团经济研究》2007年第32期。
[②] 沈滨、温晓琼：《论西部地区投资软环境建设的制约因素及对策》，《甘肃金融》2005年第4期。
[③] 王守伦等：《投资软环境建设与评价研究》，中国社会科学出版社2009年版，第11页。
[④] 张炳照：《加强投资软环境建设，实现城市发展新飞跃——关于大连市投资软环境建设的调查报告》，《大连干部学刊》2001年第3期。
[⑤] 蒋满元：《东南亚经济与贸易》，中南大学出版社2012年版，第19页。
[⑥] 麻彦春等：《投资软环境综合评价体系研究》，《商业经济研究》2006年第25期。

对其投资的软环境，以保证投资国企业的权益和安全[①]。黄义华等认为当投资硬环境达到临界水平后，投资软环境的优差对硬环境的进一步改善和区域经济的进一步发展将产生至关重要的影响[②]。彭义展认为投资环境与经济发展之间相互影响、相互制约，良好的硬环境是区域经济发展的前提和基础，良好的软环境是区域经济发展的不竭动力[③]。

(二) 区域投资软环境评价研究

就投资软环境评价而言，国外的研究不多见，就某个特定区域的投资软环境评价研究更少见，而对于投资环境评价的整体研究就较为成熟。

国外投资环境评价研究早期最为经典的理论当推冷热分析理论和等级尺度理论，这两大理论开创了投资环境评价方法的先河。1968年美国学者伊西·利特法克和彼德·班廷首次提出了冷热分析法，以"政治稳定性、市场机会、经济增长及成就、文化一体化、法律阻碍、实质阻碍、地理及文化差距七大因素为指标，对投资环境进行'冷''热'分析，若被评价国（区域）指标越好，则为热因素，阻碍和差异越大则为冷因素"[④]。1969年，美国学者罗伯特·斯托伯夫提出了等级尺度法，把投资环境构成要素赋予不同的分值，再按影响程度赋予权重，进而得出投资环境优劣分值。"等级尺度法的提出，开始了投资环境从定性评估向定量化研究的转折"[⑤]。1985年施文蒂曼提出

[①] 杜远阳、林震：《区域经济与投资软环境建设探讨》，《集团经济研究》2007年第32期。

[②] 黄义华等：《关于欠发达地区投资发展软环境建设的思考》，《江西青年职业学院学报》2009年第1期。

[③] 彭义展：《投资环境与区域经济发展探讨》，《青年科学》2013年第11期。

[④] 毛汉英等：《粤东沿海地区外向型经济发展与投资环境研究》，中国科学技术出版社1994年版，第37页

[⑤] 崔宏楷：《中国区域投资环境评价研究》，博士学位论文，东北林业大学，2007年。

道氏评估法,把影响投资环境的因素分为企业生产经营条件和引起这些条件变化的因素两大类,并设定"最可能"、"乐观"、"悲观"和"遭难"四种方案,最后由专家评估这些方案可能发生的概率①。

相对于国外的研究,国内对于投资环境评价研究起步较晚。戴园晨于1994年提出的投资环境评价指标体系的构建原则为国内投资环境评价指明了方向。王元京等将投资环境评价分为国别模式、地区模式、城市模式三大类②。楚天骄等构建了R&D投资环境评价指标体系③。陈泽明等构建了投资环境在三维空间的指标体系④。

在评价方法上,闵建蜀在等级尺度法的基础上提出了"多因素评估方法"和"关键因素评估方法",郭文卿等运用模糊综合评价原理提出了"参数分析法",王慧炯等提出了"相似度评价法",鲁明泓提出"因子分析法",国家科委"沿海开放城市外向型经济发展预测"课题组提出了"满意度评价法",黄朝永提出了"空间衰变测度"等。其中,陈晓玲提出的"投资者满意度指数方法"的最大特点是基于投资者角度进行评价,这与其他以被投资者角度进行评价的方法相比更具有针对性,为本书基于投资国视角评价缅甸区域软环境提供了方法依据。

二 企业嵌入性研究

Polanyi K. 是最早提出"嵌入"概念的学者,他认为经济不是自

---

① 郭信昌主编:《投资环境分析·评价·优化》,中国物价出版社1993年版,第113页。
② 王元京、叶剑峰:《国内外投资环境指标体系的比较》,《经济理论与经济管理》2003年第7期。
③ 楚天骄、杜德斌:《世界主要国家(地区)R&D投资环境评价》,《软科学》2005年第3期。
④ 陈泽明、苗明杰:《基于区域三维空间的投资环境优化研究》,《经济体制改革》2006年第1期。

给自足的，而是从属于政治，宗教和社会关系的①。根据 Polanyi 的定义，王鹏指出经济现象与社会现象的内在联系必须加以重视，当经济行为没有"嵌入"社会关系中时，它就具有破坏性②。Zukin S. 和 DiMaggi P. 提出"嵌入性"是经济活动关于认知、文化、社会结构和政治制度的权变属性③。Dacin M. T. 等认为在"嵌入性"情境下，经济行为是在一个复杂多样的体制下进行的，是资源和联系相互作用下的复杂行为④。

对于企业嵌入性的意义，林嵩认为"嵌入性能够提升外部人员对企业形象、声誉、影响力的认知水平，而利于其国际化行动；嵌入集群中的企业能够识别更多的国际化收益和信息，为国际化行为提供必要准备"⑤。就嵌入性的方式方法，徐海洁等认为本地嵌入是跨国公司通过在东道国建立产业网络，与投资区域在社会化互动过程中基于共同利益形成经济连接和社会连接的过程⑥。

三 中国企业境外投资的现状研究

2000 年，中国提出"走出去"战略；2013 年，中国提出"一带一路"倡议，鼓励资本、技术、产品、服务和文化"走出去"⑦。目前，中国对外投资规模稳居世界前列，2016 年跃升为第二大投资国，

---

① Polanyi K., *The Great Transformation: The Political and Econornic Origins of Our Time*, Boston: Beacon Press by Arrangement with Rinehart & Company Inc., 1994, p.63.
② 王鹏:《物流企业的嵌入性研究》,《中国物流与采购》2010 年第 16 期。
③ Zukin S. and Dimaggio P., *Structure of Capital: The Social Organization of the Economy*, Cambridge: Cambridge University Press, 1990, p.363.
④ Dacin M. T. and Ventresca M. J., eds., "The Embededness of Organizations: Dialogue Directions", *Journal of Management*, Vol. 25, 1999, p.323.
⑤ 林嵩:《国内外嵌入型研究述评》,《技术经济》2013 年第 5 期。
⑥ 徐海洁、叶庆祥:《跨国公司本地嵌入失效的表现和成因研究》,《浙江金融》2007 年第 8 期。
⑦ 毕晶:《"一带一路"沿线投资策略》,《中国外资》2018 年第 3 期。

对外投资管理体制和政策体系逐步完善，潜力巨大。经过十多年的发展，中国对外投资呈现以下主要发展态势：

1. 投资规模不断攀升，由 2002 年的全球第 26 位跃升至 2016 年的第 2 位；

2. 投资区位分布更广，截至 2016 年年末，中国对外直接投资分布在全球 190 个国家（地区），亚洲最多，存量 9094.5 亿美元，占比 67%；

3. 投资主体日趋多元，从规模上看，国有企业仍然是中国企业"走出去"的主力军，从数量上看，民营企业数量已超过国有企业，占企业总数的六成以上[①]。

中国企业对外投资发展态势良好，但挫折不断：与东道国制度距离、文化距离、社会距离造成投资失利；东道国政治不稳定、国内外矛盾冲突、社会动荡造成投资失利；东道国反华排华行为造成投资失利；与东道国的领土、领海纠纷间接造成投资失利等都使中国投资呈现出一个特点：投资越多、风险越高、抵制越强。

目前，对于中国企业境外投资，国内外学者的研究主要集中在以下几个方面：

（一）中国企业对外投资的发展阶段研究

Dunning J. H. 等的投资发展周期论指出，一个国家对外直接投资所处的阶段与该国经济发展水平存在正向联系[②]。姚永华等应用投资发展路径理论指出中国处于投资发展的第二阶段后期，并逐渐向第三

[①] 国家发展和改革委员：《中国对外投资报告》，http://www.ndrc.gov.cn/，2018 年 4 月 8 日。

[②] Dunning J. H. and Narula R., "The Investment Development Path Revisited: Some Emerging Issue", *Foreign Direct Investment and Governments: Catalysts for Economic Restructuring*, 1996, p. 37.

阶段转变①。薛求知等发现中国经济发展与对外直接投资的密切关系与 Dunning 的投资发展规律性吻合，并指出中国现阶段对外直接投资的发展滞后于经济整体的发展②。刘志强选择人均对外投资净存量为被解释变量 PNOP，人均 GDP，及人均 GDP 平方作为解释变量，运用数学方法计算出得模拟二次函数的顶点值作为对比数，判断出中国目前处于投资周期论的第三个阶段③。

（二）中国企业对外投资的动机研究

Cai K. G. 认为中国对外直接投资的动机主要是寻求市场、寻求自然资源、学习先进的技术和管理经验以及寻求金融资本四个方面④。Deng R. 认为中国对外投资的两大动机是战略资产和多样性⑤。胡博等指出发展中国家的丰富资源是吸引中国对外直接投资的重要因素⑥。张为付通过验证得出中国对外直接投资目前主要是以资源能源寻求型和市场扩张型为主⑦。董莉军认为对矿产和能源的进口需求和外汇储备是中国对外直接投资的动因⑧。杨建清等学者的研究结果发现国内产业升级是促进我国对外投资迅速发展的关键⑨。

---

① 姚永华等：《我国对外投资发展阶段的实证分析》，《国际贸易问题》2006 年第 10 期。
② 薛求知、朱吉庆：《中国对外直接投资发展阶段的实证研巧》，《世界经济研究》2007 年第 2 期。
③ 刘志强：《制度与中国对外直接投资的理论与实证——企业异质性及区域制度环境异质性视角》，博士学位论文，对外经济贸易大学，2014 年。
④ Cai K. G., "Outward Foreign Direct Investment: A Novel Dimension of China's Integration into the Regional and Global Economy", *The China Quartly*, Vol. 160, 1999, p. 856.
⑤ Deng R., "Outward Investment by Chinese MNCs: Motivations and Implications", *Business Horizons*, Vol. 47, No. 3, 2004, pp. 8–9.
⑥ 胡博、李凌：《我国对外直接投资的区位选择——基于投资动机的视角》，《国际贸易问题》2008 年第 8 期。
⑦ 张为付：《影响我国企业对外投资因素研究》，《中国工业经济》2008 年第 11 期。
⑧ 董莉军：《中国对外直接投资的攻策动因——一个新的实证》，《技术经济与管理研究》2011 年第 11 期。
⑨ 杨建清、周志林：《我国对外直接投资对国内产业升级影响的实证分析机》，《经济地理》2013 年第 4 期。

(三) 中国企业对外投资的影响因素研究

Cao T. 在强调东道国市场规模、政治稳定等因素对中国投资的影响外,更发现深厚的文化渊源、密切的人际联系网络、邻近的地域优势也在极大程度上影响中国对外直接投资[①]。He W. 和 Lyles M. A. 运用重力模型对 34 个中国投资的东道国进行研究,得出结论:市场规模、经济环境、关税、与中国的地理距离是影响中国对外直接投资的主要因素[②]。熊伟等指出制度通过影响企业的所有权优势、内部化优势和区位优势,成为影响对外直接投资的根本性因素,进而得出"制度启动国际投资"的观点[③]。顾国达等认为文化认同可以增加投资信心,降低投资的交易成本[④]。张宏等经过截面数据验证,提出文化距离与中国投资的关系成正向关系,即与中国的文化联系越密切,中国资本流入越多[⑤]。Kolstad 认为经济体制和自然资源对中国投资的影响成反比显像,即中国资本更多地会进入自然资源丰富但经济体制不健全的国家或地区[⑥]。谢孟军通过实证分析,认为东道国良好的法律制度对中国对外直接投资有较强的吸引力[⑦]。

(四) 中国企业对外投资的区位选择及行业分布研究

Morck R. 和 Yeung B. 分析发现中国企业对外直接投资主要集中

[①] Gao T., "Foreign Direct Investment in China: How Big Are the Roles of Culture and Geography?", *Pacific Economic Review*, Vol. 10, No. 2, 2005, pp. 153 – 154.

[②] He W. and Lyles M. A., "China's Outward Foreign Direct Investment", *Business Horizons*, Vol. 51, No. 6, 2008, p. 485.

[③] 熊伟、熊英:《论文化全面影响对外直接投资的机制——以修正的国际生产折中理论为基础》,《改革与战略》2008 年第 6 期。

[④] 顾国达、张正荣:《文化认同在外商直接投资信号博弈中的作用分析》,《浙江社会科学》第 1 期。

[⑤] 张宏、王建:《东道国区位因素与中国 OFDI 关系研究——基于分量回归的经验证据》,《中国工业经济》2009 年第 6 期。

[⑥] Kolstad, "What Determines Chinese outward FDI?" *Journal of World Business*, Vol. 47, No. 1, 2012, p. 26.

[⑦] 谢孟军:《法律制度质量对中国对外直接投资区位选择影响研究——基于投资动机视角的面板数据实证检验》,《国际贸易探索》2013 年第 6 期。

在在东南亚和非洲，占比超过60%，而仅有30%左右分布在发达国家①。谢孟军通过贸易引力模型分析认为东道国的市场规模、基础设施、制度和劳动力等都是中国对外投资区位选择的影响因素②。綦建红和杨丽的研究表明地理距离和文化距离与中国企业对外直接投资负相关③。闻开琳提出的中国企业对外直接投资的影响因素主要包括：东道国的市场规模、经济发展水平、两国间的距离以及语言文化环境④。根据范兆斌和杨俊的观点，海外华侨华人网络有助于促进中国对外直接投资的发展，是区位选择需要考虑的因素之一⑤。贺灿飞等基于关系视角，认为影响中国对外直接投资区位选择的重要因素是中国与东道国的政治、经济和文化关系⑥。刘宏和苏杰芹指出中国企业对外投资仍以能源和资源领域为主，制造业比例逐步上升；投资方式呈现多元化趋势，跨国和绿地投资并行；投资地区，仍以亚洲和非洲为主⑦。

通过上述四个方面的文献分析，得出结论：在"一带一路"倡议的引领下，在政策、体制改革等利好因素的推动下，在综合国力稳步提升的基础上，中国企业对外投资总体持续向好。从投资阶段来看，中国企业对外投资处于 Dunning 理论的第三阶段；从投资动机来看，逐步从资源能源方面转变为资本和产能转移；从影响投资的因素来

---

① Morck R. and Yeung B., "Perspectives of China's Outward Foreign Direct Investment", *Journal of International Business Studies*, Vol. 39, No. 3, 2008, p. 337.
② 谢孟军：《目的国制度对中国出口和对外投资区位选择影响研究》，博士学位论文，山东大学，2014年。
③ 綦建红、杨丽：《中国 OFDI 的区位决定因素——基于地理距离与文化距离的检验》，《经济地理》2012年第32卷。
④ 闻开琳：《中国对外直接投资决定因素实证研巧——基于东道国国家特征》，《世界经济情况》2009年第10期。
⑤ 范兆斌、杨俊：《海外移民网络、交易成本与外向型直接投资》，《财贸经济》2015年第4期。
⑥ 贺灿飞等：《基于关系视角的中国对外直接投资区位》，《世界地理研苑》2013年第4期。
⑦ 刘宏、苏杰芹：《中国对外直接投资的现状与问题研究》，《国际经济合作》2014年第7期。

看，除了市场因素外，非市场因素的影响越来越大；从投资行业来看，多元化趋势已经形成；从投资区域来看，鉴于政治、经济以及区域发展等方面的诸多原因，未来几年，东南亚各国仍然会是中国企业对外投资的重要选择。

（五）中国企业对外投资受阻研究

中国企业对外直接投资并非一帆风顺。中国企业在叙利亚、伊拉克、利比亚、乌克兰等都遭遇了突发性项目推迟、暂停甚至合约撕毁的情况。作为当前的热点问题，国内外学者对中国企业海外投资频频受阻的困境及原因进行了深入分析，将影响因素分为两大类，即经营性风险（市场因素）和非商业风险（非市场因素）。

经营性风险是商业运作必须要考虑的，是有预见性和可控性的。洪晔认为跨国企业对外投资的过程就是参与东道国市场经济竞争的过程，受其经济发展水平的影响和制约，但这样的经营性风险具有一定的可预判性和可控性[①]。从国际竞争力来看，大部分中国海外投资企业在经营管理能力、核心技术创造力等方面的国际竞争力还比较弱。徐凯和刘向东认为中国对外投资企业多数仍处于产业链低端，缺乏核心技术优势和研发创新能力[②]。陈根提出中国对外投资偏重于选择污染密集型产业和产业链低端的初级产品，投资行业多分布在采矿业、制造业、伐木业等能源资源领域[③]。因此，中国企业虽然主动"走出去"，但因为自身经营管理能力、技术能力、以及产业布局和行业选择等方面的限制，中国对外投资的效益往往不能达到预期目标，还会因为由生产引起的环境污染、社会责任履行等招致东道国的抵制而诱

---

① 洪晔：《中国企业海外投资的区域风险预警系统研究》，《中国外资》2013年第4期。
② 徐凯、刘向东：《"十二五"时期中国企业对外投资的战略规划研究》，《国际贸易》2010年第12期。
③ 陈根：《中国海外投资中的环境问题及其对策研究》，《青年与社会》2014年第17期。

发更严重的合约撕毁等系列问题。

近几年,由于中国企业对缅甸投资受阻问题越来越严重,且可预判性不强,更多学者在非商业风险即非市场因素方面开展深入探究,希望找到解决投资困境的出路,具体如下:

1. 关注投资区位选择规划

谈到投资区域选择,首先需要梳理中国企业对外投资的动机。王动提出中国对外直接投资的动机主要有四种:为实现国内产能转移目标的寻求市场动机,为获取宝贵资源能源的寻求自然资源动机,为降低成本、提升核心竞争力、扩大市场的寻求技术和寻求效率动机[1]。

我国目前对外投资的区域选择以与我们"地相近、习相近"的亚洲国家和非洲国家为主,区域选择较为单一。徐凯和刘向东通过分析2009年中国企业"一窝蜂"涌向东南亚引发东道国抵制问题总结得出:中国企业在区位选择上仍存在着盲目性和单一性,缺乏区域规划[2]。陈根认为中国企业海外投资的地区分布不均衡,多集中在生态环境较为脆弱的亚、非、拉美地区,对发达国家和地区的投资存量不到10%[3]。中国企业对外投资的区域选择以发展中国家为主,有利有弊。其主要优势在于:发展中国家人口多,市场大,符合寻求市场的动机;发展中国家待需开发丰富的资源能源和廉价劳动力符合中国对外投资寻求资源和效率的动机。而投资发展中国家的最大弊端,如蒋冠宏和蒋殿春所总结的:发展中国家的投资软、硬环境有较大缺陷,投资存在很大的隐患[4]。

---

[1] 王动:《对外直接投资区域选择研究——以中国为投资国的视角》,《经济管理》2014年第4期。
[2] 徐凯、刘向东:《"十二五"时期中国企业对外投资的战略规划研究》,《国际贸易》2010年第12期。
[3] 陈根:《中国海外投资中的环境问题及其对策研究》,《青年与社会》2014年第17期。
[4] 蒋冠宏、蒋殿春:《中国对发展中国家的投资——东道国制度重要吗?》,《管理世界》2012年第11期。

2. 强调东道国政治和制度

Agarwal J. 和 Fells D. 将对外投资的政治风险定义为：由东道国政局更迭、官僚体制、腐败、地缘政治冲突、宗教冲突、战争、恐怖主义威胁等因素引发的外商直接投资风险①。洪晔指出政治风险是由于东道国政治事件或者第三国政治制约，造成东道国政治不稳定，给海外投资企业带来的不利影响；在发展中国家，表现为国家政局不稳，国内矛盾激化，民族、宗教各种势力之间关系复杂；在发达国家表现为建立贸易壁垒、货物禁运、贸易保护等行为②。陈万卷通过分析中国中铝公司与力拓集团的合作案例指出政治风险包含因东道国党派、宗教、民族等矛盾和政见分歧引发的革命、政变、罢工、内乱、武装冲突等风险，还包括东道国与其他国家发生战争的风险，这些风险具有突发性和不确定性，给中国对外投资企业经营造成困难和损失③。

除了政治风险以外，制度距离也是对外投资的重大风险之一。North 认为"制度是一种社会博弈的规则，是限制人们相互交往的行为约束框架"④。制度距离是制度制定、制度质量和制度实施方面的差异。周建等将东道国的制度定义为政治、法律和社会制度⑤。刘志强认为制度距离主要体现为国际经济制度安排、经济制度、法律制度以及企业运行便利的差异性⑥。徐凯和刘向东认为制度因素是指影响投资

---

① Agarwal J. and Fells D., "Political Risk and the Internationalization of Firms: An Empirical Study of Canadian-Based Export and FDI Firms", *Canadian Journal of Administrative Sciences*, Vol. 24, No. 3, 2010, p. 171.
② 洪晔：《中国企业海外投资的区域风险预警系统研究》，《中国外资》2013 年第 4 期。
③ 陈万卷：《中国企业境外投资中有关非市场风险的问题》，《对外经贸实务》2013 年第 22 卷。
④ 转引自刘志强《制度与中国对外直接投资的理论与实证——企业异质性与制度环境异质性视角》，博士学位论文，对外经济贸易大学，2014 年。
⑤ 周建等：《东道国制度环境对我国外向 FDI 的影响分析》，《经济与管理研究》2010 年第 7 期。
⑥ 转引自刘志强《制度与中国对外直接投资的理论与实证——企业异质性与制度环境异质性视角》，博士学位论文，对外经济贸易大学，2014 年。

便利性的政治和法律等因素，包括政局稳定性、政策连续性、法律完备性等[①]。陈万卷通过分析2007年中国平安集团所注资的比利时富通集团受国际金融危机影响被收归国有导致平安集团账面亏损超过90%的案例说明东道国相关政策调整，法律修订、颁布、实施，以及法律法规的执行强度等都是外商投资所面临的巨大风险[②]。王动认为东道国的制度环境直接关联外资企业的经营风险和经营成本，良好的制度环境可以降低企业的经营风险及成本[③]。鲁明泓通过研究得出结论：就海外直接投资的区位抉择，制度因素比经济因素或硬件环境更重要[④]。

经济的快速增长使中国逐步成为全球资源和商业市场的强势竞争者之一，但是，资源能源丰富的国家或者地区往往处于开发或者发展中状态，政局不稳、制度不完善、冲突频发、社会动荡等非市场因素使外商投资风险较高，这些会引发东道国国家混乱的风险必定高于单纯的市场风险。

3. 注重投资本土化

陈万卷通过分析中国上汽集团收购韩国双龙汽车公司后因员工文化差异导致收购被"回生"的案例发现中国企业惯于把中国管理和经营模式简单机械地移植到境外，造成误解或冲突，这是不注重文化差异这一投资重大风险的表现[⑤]。徐凯和刘向东认为中国多数企业在国际竞争中处于劣势的重要原因是"本土化"方面做得不成熟[⑥]。刘志

[①] 徐凯、刘向东：《"十二五"时期中国企业对外投资的战略规划研究》，《国际贸易》2010年第12期。
[②] 陈万卷：《中国企业境外投资中有关非市场风险的问题》，《对外经贸实务》2013年第10期。
[③] 王动：《对外直接投资区域选择研究——以中国为投资国的视角》，《经济管理》2014年第4期。
[④] 鲁明泓：《制度因素与国际直接投资：一项实证研究》，《经济研究》1999年。
[⑤] 陈万卷：《中国企业境外投资中有关非市场风险的问题》，《对外经贸实务》2013年第10期。
[⑥] 徐凯、刘向东：《"十二五"时期中国企业对外投资的战略规划研究》，《国际贸易》2010年第12期。

强认为中国"走出去"企业实现海外投资战略目标的关键在于"本地化":推进生产采购本地化、融资本地化、人才本地化、经营管理本地化,并与当地结成利益共同体,造福当地社会、融入当地社会、扎根当地社会①。

除了把投资融入到东道国的经济、文化和社会中,中国海外投资企业不能忽略传播母国文化,增加东道国对母国文化的认同。只有将母国文化与东道国文化进行有机融合,求同存异,海外投资才能在东道国立足,并得到长远发展。刘志强通过分析我国海外建立的众多孔子学院为与当地投资的中国企业之间形成良性互动和合力以降低中国投资企业的环境阻力事例,认为母国文化传播与其对外投资是相互促进的,因此加强中华文化的传播是提升中国"软实力"和建设海外投资良好环境的重要内容②。

4. 突出投资主体

刘志强通过数据分析得出结论:中国对外投资"国强民弱",即中国仍是以国企为主体的投资形态,这与全球大多数国家情况相反③。徐凯和刘向东认为由于中国国有企业在体制上还比较僵化,对境外投资项目的审批程序烦琐,容易导致丧失最佳的市场机遇④。国有企业的投资动机、审批程序、营理念和方法等在一定程度上不像民营企业那么容易"接地气";而民企在资金实力、宏观规划等方面也无法与国企相比。因此,国企、民企按照一定比例进行对外投资具有互补性,在一定程度上能规避一些经营风险。从目前的情况来看,"国强民弱"的中国企业投资主体模式已经开始改变:截至2013年年底,

---

① 刘志强:《中国对外直接投资现状和政策建议》,《国际经济合作》2013年第10期。
② 刘志强:《中国对外直接投资现状和政策建议》,《国际经济合作》2013年第10期。
③ 刘志强:《中国对外直接投资现状和政策建议》,《国际经济合作》2013年第10期。
④ 徐凯、刘向东:《"十二五"时期中国企业对外投资的战略规划研究》,《国际贸易》2010年第12期。

民营企业在全国对外直接投资总额的占比是45%，且在国企基本不涉足的IT/房地产、物流等领域表现活跃，有望成为这些领域中国海外投资的主力军①。

5. 关注投资企业的社会责任

近年来，随着中国企业对外投资大踏步前进，中国企业在海外的社会责任履行问题成为国内外关注的焦点。"缺乏社会责任意识，不履行社会责任"成了别有用心的媒体和非政府组织对中国投资企业下的定义，并将此"标签"进行大范围扩散宣传，引发当地政府和民众的不满和抗议，导致中国多个境外投资项目受阻，甚至终止。

匡海波解释了企业社会责任的含义：企业在创造利润同时，必须承担对员工、消费者、社区和环境的责任；企业的社会责任强调要在生产过程中对人的价值的关注，强调对环境、消费者和社会的贡献②。吴芳芳认为承担企业社会责任就是要处理好社会关注的劳工、人权、环保、反腐等问题，中国企业"走出去"参与国际市场竞争，有效承担社会责任可以有效降低海外投资风险③。张炳雷指出中国企业海外投资陷入困境的根源在于缺乏应有的社会责任承担感④。在企业的社会责任中，环境保护引发的问题使中国企业海外投资被更多关注。陈根通过分析缅甸密松水电站因所谓可能的生态破坏而被叫停案例，认为"环境威胁论"已经成为中国企业海外投资的惯性标签，也是众多消极甚至是抵制态度的根由，是阻碍中国企业对外投资发展的因素之一⑤。

---

① 《中国对外投资季度报告》，中国社会科学出版社2015年版，第1季度。
② 匡海波：《企业的社会责任》，清华大学出版社2010年版，第55—56页。
③ 吴芳芳：《中国对外投资合作中的企业社会责任问题研究》，《产业与科技论坛》2013年第4期。
④ 张炳雷：《国有企业海外投资的困境分析：一个社会责任的视角》，《经济体制改革》2011年第4期。
⑤ 陈根：《中国海外投资中的环境问题及其对策研究》，《青年与社会》2014年第17期。

中国企业对外投资起步晚，目前尚处于初级阶段但又是一个机遇与挑战并存的重要时期。对于中国企业海外投资受阻的困境、原因及对策，以往的研究是从制度、政策、环境、经济等方面的视角分析原因，尚未有学者从软环境建设的视角提出相应的解决方法，以构建一个中国企业对外投资的新模式，从而实现中国企业海外投资第三阶段的目标，即建立全方位、多领域的海外投资体系和全面"走出去"的投资格局，形成"星火燎原"之势，尽早实现中华民族的伟大复兴。

四 中国企业对缅甸投资的现状研究

中国企业对缅甸投资，随着缅甸国内政局的变化而变化。缅甸军政府执政期间，中国对缅甸投资和经济援助基本属于"一家独大"；2010年随着民主改革加速前进，缅甸打开国门，形成了"多国抢滩"的局面，这撼动了中国对缅甸的"垄断投资"格局。同时，在各种"敌意风险"的干预下，中国企业项目进展非常不顺利，遭遇羁难，致使中国对缅甸投资总额迅速下降，特别是2013/2014财年呈跳水式下降，投资总额只有0.5692亿美元，占缅甸外资比例仅为1.39%。2016年缅甸民盟政府执政以来，对中国"一带一路"国际合作规划，对中国企业的投资项目，保持重视、支持和欢迎态度，但强调欢迎更多有责任心的企业投资于缅甸更多领域。中缅之间"秤不离砣，砣不离秤"的关系使众多国内外学者针对中国企业对缅甸投资进行了深入的研究，归纳如下：

（一）国内外对中国企业投资缅甸的现状研究

国外学者对中国企业投资缅甸主要从两个方面进行研究。第一，通过对缅甸经济现状进行评估和预测，为外国企业对缅甸投资提供参考建议（Mya Than，2008；Jared Bissirter，2016）。第二，通过分析中国、美国、日本、印度等国家与缅甸的关系演进，分析大国干预对中国对缅甸投资的影响（Mackenzie C.Babb，2012；Steven Lee Myers，2012；Takeda Isami，2001；Stephen Kanfman，2011；Aung Din，2015）。

国内学者的研究成果丰硕，主要从投资风险、第三方影响因素、以及投资对策几个方面进行分析。

就投资风险而言，学者们比较关注中国企业对缅甸投资的政治风险和金融风险。雷著宁和孔志坚认为缅甸政治经济体制改革带来的诸如国内民族矛盾、宗教冲突、政府腐败、行政效率低、军政府对经济强干预等政治社会风险对中国企业投资缅甸有极大影响[①]。欧阳碧媛认为中国企业对缅甸投资主要有三大风险，即战争和武装冲突导致的政治风险，政府违约和法律冲突导致的政策风险以及企业融资困难、汇兑限制、结算系统不健全等导致的金融风险[②]。马勇强调不能忽视缅甸的法律风险给中国对企业对缅甸投资带来的无保障性[③]。刘翔峰认为政治风险、经济风险、社会风险和自然风险并存且风险极高使缅甸投资环境差，具体表现在改革进程不明朗、政治法规不稳定、经济法规不健全、金融体制不完备、政务服务落后等方面[④]。朱立提出缅甸经济政治化的观点，自2011年缅甸加快民主进程步伐以来，中国投资成为平衡中西方两大阵营缅甸利益的砝码，中国企业对缅甸直接投资面临经济政治化的倾向[⑤]。

关于中国企业对缅甸投资的第三方影响因素，众多学者从双边和

---

① 雷著宁、孔志坚：《中国企业投资缅甸的风险分析与防范》，《亚非纵横》2014年第4期。
② 欧阳碧媛：《中国企业对缅甸直接投资的风险及对策研究》，《经济研究参考》2016年第29期。
③ 马勇：《越南、老挝、缅甸外商投资法律环境即法律风险》，《印刷世界》2009年第S1期。
④ 刘翔峰：《缅甸的产业发展及中缅贸易投资》，《全球化》2014年第4期。
⑤ 朱立：《经济政治化：中国投资在缅甸的困境与前景》，《印度洋经济体研究》2014年第3期。

多边关系的角度进行研究。陈霞枫通过分析中缅关系的演进,提出中国企业对缅甸投资将进入激烈的市场竞争中,多方竞争关系有利于提升投资决策的科学性和投资实施的透明性①。梁茂林和骆华松等指出"中缅投资的困境是域外大国干预、国家利益驱使下"大国平衡外交"的推行,边境安全与稳定等作用机理下的共同结果"②。毕世鸿和田庆立,从美国和日本改善对缅甸关系的角度,分析美日两国在缅甸的合作与竞争,以及对中缅关系的影响③。施爱国分析了美国对缅甸政策的新特点:官方合作机制化;援助与投资"行动换行动";促压改革派,打压保守派;启动对缅"军事接触",改造缅军方;强调中美协商合作,提升中美双方在缅利益的正面影响力度④。

就投资对策建议,主要从国家层面和企业层面进行研究。国家层面,欧阳碧媛提出中国政府需继续为企业提供财税、信用担保等政策支持,建立风险预警和应急机制⑤。陈霞枫(2013)强调中国对缅甸投资需建立在互利基础上,兼顾各方利益⑥。企业层面,刘翔峰认为中国企业对缅甸投资的基本策略是实行双需的产业转移,促进中国劳动密集型和资金密集型投资模式作为投资缅甸的核心竞争力⑦。徐红磊认为中国企业需要加强公共外交能力,提升在缅甸的社会认同感⑧。祝湘辉从重视投资安全、调整投资领域、履行社会责任等方面提出中

---

① 陈霞枫:《缅甸改革对中缅关系的影响及中国的对策》,《东南亚研究》2013年第1期。
② 梁茂林、骆华松等:《中国与中南半岛国家双边关系演进及形成机理研究》,《世界地理研究》2017年第3期。
③ 毕世鸿、田庆立:《日本对缅甸的"价值观外交"及其与民盟政府关系初探》,《东南亚研究》2106年第4期。
④ 施爱国:《浅析近年来的美国对缅甸政策及其前景》,《和平与发展》2014年第1期。
⑤ 欧阳碧媛:《中国企业对缅甸直接投资的风险及对策研究》,《经济研究参考》2016年第29期。
⑥ 陈霞枫:《缅甸改革对中缅关系的影响及中国的对策》,《东南亚研究》2013年第1期。
⑦ 刘翔峰:《缅甸的产业发展及中缅贸易投资》,《全球化》2014年第4期。
⑧ 徐红磊:《中国企业投资缅甸的风险及策略》,《内江科技》2013年第12期。

国企业投资缅甸的对策建议①。卢光盛和黄德凯认为中资企业应该以转变投资方式、拓宽投资领域、深耕民意履行社会责任等方式升级对缅投资，并通过推进与缅甸和柬埔寨的合作撬动缅甸经济的进一步对外开放②。

（二）国内外对中国企业投资缅甸的困境研究

一些国外学者通过分析缅甸外资流入的情况，反观各国对缅甸直接投资的特征及趋势。Yun Sun 认为各国争相投资缅甸的关键动因是中国崛起，中国企业对缅甸的投资项目势必成为大国关注的焦点③。Jurgen Haccke，Yun Sun，Marie Lall，Ian Holiday，Kurt M. 等学者通过研究中印、中美、中日在缅甸的利益冲突，印缅关系的改善、美缅关系的时空演变及发展趋势，揭示中国企业在缅投资困境的深层次原因——大国亚太博弈的落脚点。

国内学者的研究成果丰硕，主要从以下几个方面进行分析：

第一，中国企业对缅甸投资格局改变："一家独大"到"各国抢滩"。

对于中国企业对缅甸投资的趋势，大部分学者一致认为从"一家（中国）独大"到"各国抢滩"，这是缅甸外商投资的演变过程，也是中国企业对缅甸投资自 2010 年缅甸走上民主改革后面临的巨大风险和全新挑战。郑国富通过分析缅甸现阶段吸引外资的特点指出缅甸外资来源趋于多元化发展，出现各大国"抢滩"缅甸市场的发展态势，中国对缅甸投资从"一家独大"变为积极应对诸多挑战④。卢光

---

① 祝湘辉：《缅甸新政府的经济政策调整及对我国投资的影响》，《东南亚南亚研究》2013 年第 2 期。
② 卢光盛、黄德凯：《如何在缅甸大选之后维护中缅经济合作的势头》，《世界知识》2016 年第 3 期。
③ Yun Sun, "Chinese Investment in Myanmar: What Lies Ahead?" *Great Powers and Changing Myanmar*, No.1, 2013, p.33.
④ 郑国富：《缅甸新政府执政以来外资格局"大洗牌"与中国应对策略》，《对外经贸实务》2015 年第 1 期。

盛和金珍认为缅甸政府试图拉入更多域外大国进入缅甸的社会经济发展，这使缅甸投资环境更加复杂多变，中国企业对缅甸投资的利益无法得到保障，因为缅甸政府为满足其他国家的某些要求而损害中国利益的可能性依然存在①。任琳认为缅甸的大国平衡外交战略是为了在中美之间通过平衡外交，实现其国家利益最大化，这样的外交突变带来的不确定因素有可能严重损害中国企业在缅甸的既定利益②。戴永红、李艳芳、方天健、李飞等学者通过研究缅甸在日本、美国、印度等大国战略棋盘上的重要位置，以及大国对缅甸政策的时空演变，指出中国企业对缅甸投资项目在很大程度上受到了大国的干预，缅甸地缘脆弱性带来的"大国平衡"外交政策成为中国在缅投资项目屡屡受阻的基础因素。

第二，中国企业对缅甸投资被政治化、社会化。

郑国富通过分析中缅莱比塘铜矿合作项目反复波折案例认为，缅甸的政治经济改革，"去军政府化"与"强民族化"使原有投资利益分配模式被"大洗牌"，中国企业对缅甸因此投资遭遇重创③。卢光盛和金珍提出中国企业目前在缅甸实施或者尚未实施的投资项目，大多是军政府时期的合作产物，很容易被贴上"不透明""不公平"和"损害人民利益"等标签，这种"有罪推定"的做法是不合理的，对中国企业是不公平的④。雷著宁和孔志坚提到缅甸众多行业仍是"军方垄断"性质，"缺乏透明性"是垄断的一大特征，是公众舆论的焦

---

① 卢光盛、金珍：《缅甸政治经济转型背景下的中国对缅投资》，《南亚研究》2013年第3期。
② 任琳：《中国在缅甸投资这些政治风险不得不防》，https://finance.qq.com/a/20150325/034574.htm，2017年12月21日。
③ 郑国富：《缅甸新政府执政以来外资格局"大洗牌"与中国应对策略》，《对外经贸实务》2015年第1期。
④ 卢光盛、金珍：《缅甸政治经济转型背景下的中国对缅投资》，《南亚研究》2013年第3期。

点,也是中国企业对缅甸投资陷入不利僵局的导火索①。卢光盛等通过分析缅甸政治生态的变化,发现部分政党和民众对中资企业的抗议有着严重的民粹主义,因此可以认为中资项目在相当程度上成为缅甸民主化进程的牺牲品②。

第三,缅甸经济改革的不确定性使中国企业投资面临新挑战。

卢光盛和金珍认为在中国企业对缅甸投资的诸多风险中,最为重要的是经济改革和经济自由化带来的不确定性③。孙广勇认为,如果缅甸正在推进的政治改革与经济改革步伐不一致,政府在控制通胀、保持汇率和资本流入稳定等方面把控失效,经济将会出现动荡,中国企业对缅甸投资也将面临许多不可控风险④。

第四,缅北民地武冲突是影响中国企业投资缅甸的不确定因素。

雷著宁和孔志坚通过分析2011年缅甸政府与克钦独立军的武装冲突导致中国在缅北的替代种植项目农产品无法运回使企业蒙受重大经济损失的案例,认为缅甸政府与少数民族武装就地区资源开发和利益分配问题引发的冲突是中国企业对缅甸投资的重大风险⑤。卢光盛和金珍指出由于地缘和资源等因素,中国企业陷入缅甸政府与地方民族武装的利益矛盾是在所难免的,这使中国企业对缅甸投资面临许多不确定因素⑥。

---

① 雷著宁、孔志坚:《中国企业投资缅甸的风险分析与防范》,《亚非纵横》2014年第4期。
② 卢光盛等:《中国对缅甸的投资与援助:基于调查问卷结果的分析》,《南亚研究》2014年第1期。
③ 卢光盛、金珍:《缅甸政治经济转型背景下的中国对缅投资》,《南亚研究》2013年第3期。
④ 孙广勇:《缅甸争夺战》,《世界博览》2012年第21期。
⑤ 雷著宁、孔志坚:《中国企业投资缅甸的风险分析与防范》,《亚非纵横》2014年第4期。
⑥ 卢光盛、金珍:《缅甸政治经济转型背景下的中国对缅投资》,《南亚研究》2013年第3期。

中国企业对缅甸投资频频受阻除上述原因以外,还有其他方面,包括雷著宁和孔志坚所提到的民盟缺乏执政经验以及其西方背景影响性、政治腐败、行政效率低下①;陈根讨论的类似"环境威胁论"等社会责任履行缺失诋毁严重化②;李灿松等提出的排华行为影响重度化③;陈霞枫等关注的舆论成了影响民意和政府公共政策的必要手段④;薛紫臣强调的政治腐败、行政效率低下、政府治理能力差⑤;张彦分析的NGO的"敌意影响"等⑥。

五 研究评述

综上所述,对于中国企业在缅甸"投资越多,抵制越强"的现象,国内外研究,特别是国内研究成果丰硕。从经济政治化、地缘政治下大国博弈、"敌意风险"、制度规范、企业履行社会责任、环境保护、媒体和NGO影响等角度,做了全面透彻的分析,为本书的研究奠定了良好的理论和方法基础。然而纵观这些研究成果,较少有文献运用地理学文化、制度转向理论,从区域软环境的视角,研究中国企业对缅甸"投资越多,抵制越强"的根本原因并探寻解决的途径和方法。具体分析如下:

1. 对于中国企业对缅甸投资频频受阻的原因,学者们大多按照研究领域,有针对性地着重从某一个方面进行探索,缺乏综合性的分

---

① 雷著宁、孔志坚:《中国企业投资缅甸的风险分析与防范》,《亚非纵横》2014年第4期。
② 陈根:《中国海外投资中的环境问题及其对策研究》,《青年与社会》2014年第17期。
③ 李灿松等:《基于行为主体的缅甸排华思潮产生及其原因解析》,《世界地理研究》2015年第2期。
④ 陈霞枫:《缅甸改革对中缅关系的影响及中国的对策》,《东南亚研究》2013年第1期。
⑤ 薛紫臣:《缅甸国际直接投资环境分析》,《现代国际关系》2015年第6期。
⑥ 张彦:《中国对缅甸投资风险中的非政府(NGO)组织因素分析》,《对外经贸实务》2016年第12期。

析；即便少数学者进行了综合性的研究，对于研究结论缺乏归纳整理，没有探究"牵一发而动全身"的根本因素。

2. 就中国企业对缅甸投资遭遇困境的影响因素，归结起来不外乎是人为因素（主观）和非人为（客观）因素两种。过去的研究，大多数聚焦于缅甸经济不发达、市场条件差、基础设施落后等客观因素，近几年的研究已经有了很大的转变。投资行为是"人"的主观行为，对外商投资"发难"的行为也是"人"的行为，因此，众多学者的研究都"以人为本"，比如中国对缅甸投资被"政治化"的研究、舆论影响的研究、制度不完善的研究、文化不融入的研究等。但这些研究大多是孤立的，有针对性的，没有形成一个整体性的研究框架。

3. 从研究的角度来看，多数研究集中在中国企业"自身反思"方面，忽略了从缅甸隐性的不利因素方面进行追踪。对外投资好比在别人家的池塘养鱼，如果池塘的整体环境不好，怎可能养出好的鱼？因此，关注缅甸的投资环境应该作为研究的重点领域。从地理学中"环境"的角度来看，"环境"是一种范畴，是由各种影响因子构成的综合体。"以物为本"的所有客观因素构成了"硬环境"，"以人为本"的所有主观行为构成了"软环境"。目前，中国企业对缅甸投资研究，特别是对中国投资项目屡屡受阻的根本原因分析，以投资软环境为视角的不多见。

4. 对于缅甸投资软环境的研究，有学者就缅甸行政能力、社会保障机制（教育、医疗等）、政策法规完善等方面进行了评价，为本书研究提供了一些基础分析，但缺乏一个统一的、整体的、可量化的软环境综合评价体系。对于投资软环境的建设，曾有国内外学者对缅甸招商引资进行了环境建设的分析和研究。但我们需要重视一个问题：中国对缅甸的投资行为主体是中国企业，从投资主体的角度进行的投资软环境评价和建设建议才是最具有前瞻性和可行性的。

5. 对于缅甸投资软环境的评价，现行的投资软环境评价大多数只分析东道国国家层面上的情况，而忽略了该国内部投资软环境在地域空间上的差异。不同的区域，因为环境差异，评价的侧重点也不一样。同时，以往的研究侧重于经济方面的投入，忽视了区域整体环境的考量，特别是对空间要素的综合考量。空间环境也就是区域环境是投资成败的关键，前面的研究并没有对这一个重要的议题进行系统、深入的研究。

6. 就投资企业"本地化"的研究而言，很多国内学者都提出了可行性建议。但"本地嵌入"的原则、方法和路径不够明确，企业嵌入的主体不明确，区域针对性不够强。究其原因，多数研究都是事后就事论事，没有以投资软环境为基础进行全方位的分析，因此很难获得可行性的结论。

基于以上几个方面，本书试图运用地理学文化和制度转向理论以及区域治理理论，以投资软环境评价为基础，从中国企业对缅甸"投资越多，抵制越强"原因分析的透彻性、中国国家层面"参与式"建设和中国企业层面"嵌入式"建设缅甸投资软环境的可行性开展研究。

第三节　概念解析

一　投资软环境

投资软环境，是影响投资投向、资本运行和经济效益的具有一定人为特征的综合系统，包括相互影响和相互制约的制度环境、社会环境、文化环境和舆论环境。相比硬环境，软环境不是刚性指标，却是区域投资顺利开展的关键因素。

本书关于投资软环境的定义是在学者研究的基础上形成的。首先，投资软环境不是单一环境，而是一个综合体系。杜远阳和林震所定义的投资软环境是影响投资投向、资本运行和投资效益的外在因素的综合系统，包含政治、历史、文化等诸多"以人为本"的因素，是各种因素相互作用、相互制约的有机整体[①]；王守伦等认为相对于固定、稳定且可见的硬环境而言的，投资软环境是不可见的，易受影响的，并具有一定人为特征的环境，具体包括宏观经济环境、制度环境、政务环境、经营环境、人文环境、社会环境等[②]。

投资软环境是区域经济的表象，也是区域经济发展的基础，具有以下特征：

1. 系统性。投资软环境是一个多要素系统，它由若干个子系统组成，包含政治、制度、社会、金融、文化、舆论等，各个子系统又按照一定的结构、规模和功能，相互影响、相互制约，构成一个完整的区域投资软环境系统。

2. 主导性。在投资软环境诸多要素中，总有一个或几个要素在某一个特定阶段的发展居于主导地位。例如，在东道国政治经济改革初期，在投资软环境中居主导地位的是政治环境，是投资行为的基础保障；中后期则转变为社会文化环境，是投资行为的助推或者阻碍因素。

3. 动态性。投资软环境不是静止的，随时空格局演变而变化。同时，衡量投资软环境的价值尺度也会随着时代的发展有所不同。对投资软环境动态性特征的清楚认知，可以更准确地根据东道国所处政治经济发展阶段构建适合这一特定时期的投资软环境评价体系。

[①] 杜远阳、林震：《区域经济与投资软环境建设探讨》，《集团经济研究》2007年第32期。

[②] 王守伦等：《投资软环境建设与评价研究》，中国社会科学出版社2009年版，第12页。

4. 差异性。环境的本质是时间和空间的演变,所处的时间和区域不同,环境的质量也不同,体现出明显的区域差异性。

二 制度环境

制度环境是指一定区域范围内现行的行为秩序准则,包含社会形态、政治体制、经济体制、政治局势、政策法规、政务秩序、金融秩序等无形资产。制度环境是评价区域投资软环境的基础,是企业是否对区域进行投资和投资项目是否能顺利实施的核心因素。

三 社会环境

社会环境是与投资当地社会生存、生产和生活相关的非物质因素,是社区人民"劳有所获、养有所教、病有所依、老有所依"的状况,包含社会秩序、社会结构、社会保障、生存和生活环境等方面。社会环境是投资企业必须掌握的现实情况,是企业嵌入投资区域的土壤。

四 文化环境

文化环境是投资区域社会意识形态的体现,主要表现为区域的历史、传统、习俗、思维方式、人生观、价值观和世界观等。投资企业只有融入投资区域的文化环境,才能与当地人民共同实现知行合一。

五 舆论环境

舆论环境是指在相对集中的时空内,不同领域、不同群体、不同类别的舆情信息相互影响、相互融合的有机整体,是人们通过言语或者非言语形式公开表达的态度、意见、要求、情绪,并通过一定的传播途径,进行交流、碰撞、感染,并具有强烈实践意向的意识氛围。

六 企业嵌入式投资

"企业嵌入"是投资企业为了在投资区域建立本地产业网络而建立的各种紧密连接,包括经济连接、社会连接、文化连接等。各种连接是基于投资企业与投资区域的共同利益,在社会化互动过程中形成的一种"植入性"关系。企业嵌入式投资就是投资企业通过在政治、经济、文化、认知、社会生活等方面"根植"于投资区域,进而保障企业投资项目顺利实施的投资方式。

第四节 理论基础

一 新经济地理学理论

随着社会经济的发展,20世纪70年代以来出现的一系列涉及环境和社会的经济问题未曾得到解决,人们开始反思经济发展的模式,并逐渐认识到非经济因素在经济活动的重要作用,因此,探讨如何发挥非经济因素作用来抵消经济行为中的负面影响成了研究议题。在这样的背景下,新经济地理学孕育而生。

新经济地理学的概念有广义和狭义之分。广义上,新经济地理学是以多元化为特征,维度也是多样化的,包括制度转向、文化转向、关系转向、尺度转向四方面。狭义上,新经济地理学就是文化转向研究,文化转向的基础是制度主义、经济社会学及文化研究,新经济地理学的"制度转向"是这种更为广泛的"文化转向"的一个核心组成部分,并为这种转向奠定了理论和经验研究基础,关系转向和尺度转成为新经济地理学"制度转向"和"文化转向"理论建构的核心[①]。

[①] 苗长虹:《变革中的西方经济地理学:制度、文化、关系与尺度转向》,《人文地理》2004年第4期。

20世纪90年代以来，西方经济地理学的"文化和制度转向"新视角，为经济地理学和区域经济发展研究开辟了新领域。雒海潮等认为，经济与文化的双向交互关系受到更多关注：经济对文化有殖民性，经济对文化也有根植和依赖，"经济的'文化化'和文化的'经济化'已成为当今社会经济活动的显著特征"①。Thrift N. 指出文化对经济的影响力超乎寻常，经济和文化"无可逆转地相互交织"，已经很难划出一个明确的界限②。Thrift N. 和 Olds K. 也谈到"从'社会'或'文化'或'政治'或'性别'自身分离出'经济'是极困难的"③。

新经济地理学，无论广义或者狭义含义，都围绕着制度和文化转向进行，围绕着非市场因素对经济行为的影响进行，成为近些年学术界研究的新焦点，也成为本书的理论基石。

二 区域投资环境分异理论

地域分异是地理学的基本理论，强调地球表层自然环境及其组成要素在空间分布上的相一致或者有差异性的变化规律④。对于地域分异，国内的运用颇多，主要应用于对温、光、水、热、植被和土地等自然资源的开发利用研究，对社会经济资源进行地域分异研究，或者对物质环境与社会空间耦合的地域分异规律进行探讨。傅伯杰等在《新时期地理学的特征与任务》中强调"地理学研究地理要素和地理综合体的空间分异规律、时间演变过程和区域特征，以及地球表层人与环境相互作用的机理；地理学的区域性通过地理分异以'格局'来

---

① 雒海潮等：《西方经济地理学文化转向的哲学思考》，《人文地理》2014年第5期。
② Thrift N., "Pandora's Box? Cultural Geographies of Economies", *The Oxford Handbook of Economic Geography*, 2000, p. 695.
③ Thrift N. and Olds K., "Refiguring the Economic in Economic Geography", *Progress of Human Geography*, Vol. 200, p. 320.
④ 刘志强等：《国内外地域分异理论研究现状及展望》，《土壤与作物》2017年第1期。

表现,'地理过程'则显示出地理现象的时空演变,耦合'格局与过程'是地理学综合研究的重要途径和方法;新时期地理学更深刻地认识和耦合社会、文化在地表环境系统变化中的作用及驱动机制"①。

基于此,本书将地域分异理论应用于区域投资软环境评价。换句话说,区域投资环境分异理论是以区域投资的地域分异(空间分异)为基础的,目的在于通过分析投资软环境以地理分异形成的"格局"和以地理分异后出现的时空演变现象为"过程",将"格局和过程"与投资地区的政治、经济、社会、文化等发展"耦合",揭示其变化规律,进而评价和预测投资软环境的发展方向。

三 地域分工学说

亚当·斯密提出了以自然禀赋和有利生产条件为基础的国际分工理论,旨在提示各国按照各自有利的生产条件进行分工和交换,使各国的资源、劳动力和资本有效利用最大化,从而实现利益最大化②。这个理论是按各国绝对有利的生产条件进行国际分工,也叫作绝对成本理论。李嘉图在此基础上提出了比较成本学说,认为只要一国在某种生产上具有相对比较优势,专业化生产和分工就有可能进行③。俄林进一步提出了要素禀赋论,认为各地区应该充分利用自己充裕的生产要素(禀赋)进行生产,以最大化降低成本④。

地域分工和比较利益概念构成了投资环境理论的基石之一。投资行为在投资区域的实施,需要遵循比较利益机制和地域分工规律。地域分工学说为本书在软环境的区域评价和建设方面提供了理论依据。

---

① 傅伯杰等:《新时期地理学的特征与任务》,《地理科学》2015 年第 8 期。
② 陈其人:《亚当·斯密经济理论研究》,上海人民出版社 2012 年版,第 313 页。
③ 李肖敏等:《李嘉图的比较成本学说评析》,《银行家》1994 年第 2 期。
④ 转引自程新章《非线性生产函数和赫克歇尔—俄林模型——里昂惕夫之谜的重新阐释》,《国际商务》(对外经济贸易大学学报)2002 年第 1 期。

四　区位理论

在投资环境方面，投资企业需要从东道国的区位因素出发对投资行为进行审视，有关对外直接投资的区位理论主要有以下几种：

Dunning国际生产折中理论内含的区位要素分为以市场规模、市场增长、市场格局及以顾客类型为代表的市场因素，以关税壁垒和国外消费者对产品的心理距离为表现的贸易壁垒因素，由原料成本、劳动力成本、运输成本等组成的区位成本因素，以及涉及投资政策法规、金融货币稳定性等的投资环境因素[①]。

以克拉维斯、弗里德曼、凯夫斯及部分北欧学者为代表的市场学派理论的区位因素中，特别强调心理距离，即以语言、文化、政治体系、教育水平、经济发展阶段等为表现形式的妨碍企业与市场之间信息流动的因素；心理距离越远，企业克服障碍成本越高，因此，对外投资的区位选择一般遵循心理距离由近到远的原则[②]。

以奥科赫姆等和中国学者鲁明泓为代表的制度学派理论，着重强调金融制度、国际经济安排、经济制度、法律制度和政府廉洁程度，经济开放度及对外资的欢迎态度对外直接投资的影响[③]。

东道国的区位因素研究对外商投资的影响已经成为对外投资理论的一个重要发展方向。区位理论以东道国的经济、政治、社会、文化等因素作为变化因子来检验其与外商投资的重要关联性，为本书投资软环境评价指标的选取提供依据。

[①] 王守伦等：《投资软环境建设与评价研究》，中国社会科学出版社2009年版，第56页。

[②] 王守伦等：《投资软环境建设与评价研究》，中国社会科学出版社2009年版，第45页。

[③] 鲁明泓：《外商直接投资区域分布与中国投资环境评估》，《经济研究》1997年第12期。

五 小岛清理论

小岛清理论在中国又被称为"产业选择理论""切合比较优势理论",或者"边际产业扩张理论"。小岛清理论的基本含义是,一个国家已经失去发展优势的"边际产业"也许是另外一个国家的"优势产业"或者"潜在优势产业",对外投资的方向应该以此为据。小岛清理论的投资发展思想强调当企业参与国际竞争进行对外投资时,须以"比较优势获取"为原则,不断改善自身非均衡发展状态,最终赢得所有权优势;同时,对外投资企业为实现"比较优势获取"这一动态目标的过程也是其承担相应社会责任的过程,一旦两者协调共进,最终将使企业微观经济收益与投资国和东道国的宏观经济收益保持一致①。

小岛清理论对本书中的投资软环境评价以及软环境建设建议研究具有重要的指导意义:中国企业对缅甸直接投资须以"比较优势获取"为基础,树立一种崭新的社会责任观与全球价值链运营观,促进投资行为双方利益保持一致,促进东道国经济利益和社会利益保持一致。

六 企业嵌入性理论

"嵌入性"是新经济地理学的重要内容。"嵌入性"也就是"根植性"。Yeung W. H. C. 认为新经济地理学的"新"的基本特征是将"经济"嵌入"文化""制度"和"政治"中,拓展了经济地理学对"经济行为社会空间根植性"的理解②。雒海潮等指出"根植性"是

---

① 蒋殿春:《小岛清对外直接投资理论述评》,《南开经济研究》1995年第2期。
② Yeung H. W. C., "Practicing New Economic Geographies: A Merhodological Examination", *Annual of the Association of American Geographers*, Vol. 92, No. 20, 2003, p. 456.

联结文化与经济关联性的体现①。Crabher G. 将"根植性"解释为经济活动行为者的相互关系以及这种关系网络结构对经济活动和经济结果的影响②。Sayer A. 指出，经济过程总是根植于社会关系之中，会以文化形式表现出来③。Crang P. 认为，经济地理学文化转向的主流是将经济理解为根植于特定文化构建情境中的活动④。

关于嵌入性的含义，从属性上来讲分为两种。第一种认为嵌入性是一种社会衔接的程度，例如，Allen D. G. 认为嵌入性是体现个人陷入连接个人与工作和组织的网络的程度⑤。第二种认为嵌入性表现为具体经济行为与社会体系之间的作用影响，例如，Barden J. Q. 和 Mitchell W. 认为社会网络的嵌入性指的是参与者之间从前的关系对于后来经济行为的影响⑥；林嵩和许健认为嵌入性就是经济行为与社会网络之间存在着的密切联系⑦。

从嵌入性的维度上来说，林嵩和许健认为有三种分析视角，即以结构嵌入性和关系嵌入性为主的经典视角，以内部嵌入性和外部嵌入性为主的网络视角，以政治嵌入性、文化嵌入性和认知嵌入性为主的虚联系视角⑧。本书中的嵌入性主要指虚联系视角下的企业嵌入性。企业在发展过程中与外界的联系受到政治环境、社会文化环境和群体

---

① 雒海潮等：《西方经济地理学文化转向的哲学思考》，《人文地理》2014年第5期。
② Grabher G., *The Embedded Firm on the Socioeconomies of Industrial Networks*, London and New York: Routledge, 1993, p. 236.
③ Sayer A., "Cultural Studies and the Economy Stuoid", *Enviroment and Planning D: Society and Space*, No. 12, 1994, p. 646.
④ Grang P., "Cultural Turn and the Constitution of Economic Geography", *Geographies of Economies*, No. 11, 1997, p. 11.
⑤ Allen D. G., "Do Organization Serialization Tactics Influence New-comer Embeddedness and Turnover?" *Journal of Management*, Vol. 32, No. 2, 2006, p. 79.
⑥ Barden J. Q. and Mitchell W., "Disentangling the Influence of Leaders' Relational Embeddedness on the Interognaizational Exchange", *Academy of Management Journal*, Vol. 50, No. 6, 2007, p. 156.
⑦ 林嵩、许健：《企业的嵌入性研究述评》，《工业技术经济》2016年第11期。
⑧ 林嵩、许健：《企业的嵌入性研究述评》，《工业技术经济》2016年第11期。

认知的影响。Zukin S. 和 Dimaggio P. 把嵌入性分为认知嵌入性、文化嵌入性、政治嵌入性和结构嵌入性四个维度[①]。Linjl 等定义认知嵌入性为网络成员的共同愿景以及介入互惠合作意愿的程度,强调成员在价值认知的趋同以及在行为上的协同[②]。Morse E. A. 等认为认知嵌入性就是组织行为需要将共同认知、普世价值观、传统惯例、宗教信仰等意识形态纳入战略考量,以营造认同感[③]。Rooks G. 和 Matzat U. 将文化嵌入性定义为社会文化对组织经济行为的影响[④]。Zukin S. 和 Dimaggio P. 提出的政治嵌入性是指企业所在地的政治因素(政治环境、政治体制、权力结构、政策引导等)对组织经济行为的影响,关注的是两者之间的作用机制[⑤]。结构嵌入性是企业所在社会网络的结构性特征。Kokabr Prescottje 认为结构嵌入性的关键是获取一个良性位置,在这个位置上企业的联系结构状况决定了其信息获取的多样化和丰富性[⑥]。Linjl 等认为结构嵌入性反映了企业行动在什么程度上被网络结构所影响[⑦]。

总的来说,嵌入性理论的运用有助于投资企业内部认知,更有助

[①] Zukin S. and Dimaggio P., *Structure of Capital: The Social Organization of the Economy*, Cambridge: Cambridge University Press, 1990, p. 363.

[②] Linjl and Fangs-c, eds., "Network Embeddedness and Technology Transfer Performance in R&Dconsortia in Taiwan", *Technovation*, Vol. 29, 2009, p. 236.

[③] Morse E. A. and Fowler S. W., eds., "Impact of Virtual Embeddedness on New Venture Survival: Overcoming the Liabilities of Newness", *Entrepreneurship Theory and Practice*, Vol. 31, No. 2, 2007, p. 119.

[④] Rooks G. and Matzat U., "Cross-national Difference in Effects of Social Embeddedness on Trust: A Comparative Study of German and Dutch Business Transactions", *The Social Science Journal*, Vol. 47, No. 1, 2010, p. 163.

[⑤] Zukin S. and Dimaggio P., *Structure of Capital: The Social Organization of the Economy*, Cambridge: Cambridge University Press, 1990, p. 363.

[⑥] Kokabr Prescottje, "Strategicalliancesas Social Capital: Flmulti-Dimensional View", *Strategic Managemerit Journal*, Vol. 23, No. 9, 2002, p. 813.

[⑦] Linjl and Fangs-c, eds., "Network Embeddedness and Technology Transfer Performance in R&D Consortia in Taiwan *Technovation*, Vol. 29, 2009, p. 235.

于投资企业的经营管理与投资东道国的紧密连接。按照新经济地理学"文化转向"的连接特征，企业嵌入的内在含义是企业如何"根植"于东道国的非经济因素环境中，进而阻力企业投资的顺利实施。新经济地理学所强调的"嵌入性"，为本书最终提出的中国企业对缅甸投资软环境的嵌入式建设提供了理论依据。

第五节　研究思路、内容和方法

一　研究思路

本书的基本思路是在文献梳理和实地调研的基础上，运用地理学文化和制度转向理论以及区域治理理论，分析区域软环境对中国企业投资缅甸的影响因素，解构投资软环境的核心要素，构建适用于缅甸民主转型期的软环境评价指标体系，并对缅甸投资软环境进行评价；以软环境评价结果为科学依据，以中国企业对缅甸投资的主要问题和发展态势分析为现实依据，深入剖析中国企业对缅甸"投资越多，抵制越强"的根本原因，进而以投资软环境建设为视角，探寻解决中国企业对缅甸投资受阻困境的路径和对策。

二　研究内容

本书共分为五章，核心内容包括以下三个方面：

1. 中国企业对缅甸投资的区域软环境评价研究。本书通过分析区域软环境对中国企业投资的影响因素，解构投资软环境的核心要素，构建由制度、社会、文化和舆论环境为准则层的投资软环境评价指标体系，并运用于缅甸投资软环境的总体评价和区域评价，为缅甸投资软环境建设建议提供科学依据。

2. 中国企业对缅甸投资受阻的根本原因研究。基于中国企业对缅甸投资的软环境评价结果，本书通过分析中国企业投资缅甸的主要问题和发展态势，探析缅甸民主改革之后中国企业对缅甸"投资越多，抵制越强"困境的根本原因，为缅甸投资软环境建设提供实证依据。

3. 基于软环境建设视角的中国企业对缅甸投资的对策研究。本书在中国企业对缅甸投资受阻困境根本原因分析的基础上，以软环境建设为视角，提出中国企业走出困境、顺利投资缅甸的对策建议。

三 研究方法

本书通过文献分析、数据收集和实地调研，分析中国企业投资缅甸的现状和软环境对中国投资的影响机制；通过专家咨询法、层次分析法等构建中国企业投资缅甸的软环境评价指标体系；通过实证区域基础数据收集和定性与定量相结合分析法评价缅甸区域投资软环境；通过网络爬虫技术、田野调查法、GIS技术等分析中国企业投资缅甸的主要问题、根本原因和发展态势，最终提出以软环境建设为视角的中国企业对缅甸投资可持续发展的对策建议。

1. 资料收集与文献综合分析法：通过文献检索，收集、梳理与总结中国企业投资缅甸存在的问题以及发展态势，为具体对策提供理论基础和政策依据。

2. 实地调研、深度访谈、问卷调查：通过实地调研以及与中国对缅甸投资企业员工、相关政府部门工作人员、云南师范大学在缅甸教育合作点的工作人员以及华人华侨的深度访谈，梳理中国企业投资缅甸存在问题的产生、演变、体现、特征等，为研究提供基础信息支持；通过问卷调查，为投资软环境评价提供数据支撑。

3. 定性和定量相结合的分析方法：在理论指导下对构建中国企业对缅甸投资软环境评价指标体系和计算模型进行定量实证研究；探究中国企业对缅甸"投资越多，抵制越强"困境的根本原因，进行定性分析。

4. 田野调查法：研究者对选取的调查点和反对投资集中区进行观察体会，融入社区生活，与研究对象共处，以获取被调查者的真实想法。

5. GIS 技术：利用 GIS 技术制作中国企业投资缅甸的时空格局演化的可视化地图。

6. 网络爬虫技术：利用网络爬虫技术，利用缅文、英文、中文等关键字段实施对所有网络资料进行中国企业投资缅甸相关内容的了解和掌握，为深入分析反对中国企业对缅直接投资的现状、发展、问题、主要区域等获取第一手资料。

7. 专家咨询法：在中国企业投资缅甸软环境评价指标体系构建过程中，邀请 11 名人文地理学专业区域合作方向、地缘政治方向以及国际关系学方面的教授、副教授、博士生组成专家组集中确定评价指标体系，把事先选好的评价指标提供给专家组，专家组对指标充分讨论并进行修正，最终确定各层次的指标。

8. 层次分析法：本书运用层次分析法得出中国企业投资缅甸的软环境评价指标权重。

第一章　缅甸投资软环境对中国企业投资的影响因素

对于东道国而言，除了能源资源禀赋外，软环境是吸引外资进入的核心竞争力。对于投资国而言，东道国软环境是投资项目顺利实施的保障。对于发展中国家，投资软环境不完善；对于政治经济转型国家，投资软环境不稳定；对于像缅甸这样处于民主转型期的发展中国家，投资软环境相对较为恶劣，不确定因素较多，发展空间大，建设成本高。本章从利益分配机制、制度建设、社会结构、文化差异方面，以实证案例分析缅甸投资软环境对中国企业投资的影响因素，为投资软环境的评价提供研究基础。

第一节　利益分配机制对中国企业投资的影响

软环境是"以人为本"的环境，"人"是软环境的利益主体，因此，软环境建设的核心在于"人"的利益需求是否得到满足。相关人群利益得到满足，投资项目能顺利实施，反之则失败。

本书采用结构案例比较和过程追踪两种方法，对密松水电站、莱比塘铜矿和中缅油气管道三个项目进行分析，验证利益主体分配关系对中国企业投资的影响，见下页表1-1。选择这三个案例基于以下三个原因：首先，三个案例的社会反应都非常强烈，资料丰富且易于获取，可以确保观察值数量大于推论数量；其次，三个案例在时间上相近，可以归属于同一个阶段，能保证经济政治化、国际社会压力、社会秩序等外部环境因素在时间上保持相对恒定，具有说服力；最后，三个项目的三种不同结果，利于横向和纵向比较，以便获得有效结论。

以上对三个项目的跟踪分析，不难看出中国企业在缅甸投资就缅方而言有三大利益主体：政府、民地武和社区。"利益"分为政治利益、经济利益、环境利益和社会利益四种。当投资项目利益分配不能覆盖三大利益主体和四大利益类型时，项目进展障碍重重，甚至无法开展。中缅油气管道项目，利益分享机制健全，政府、民地武和社区利益均沾，是典型的成功案例。而密松水电站项目，失败的最根本原因是只满足了政府利益，弱化甚至忽视了民地武和社区利益，自然遭到社会抗议，引发多权力政治冲突，而政治冲突更加激化了矛盾，形成强大的舆论压力，导致项目暂定，至今未恢复。莱比塘铜矿项目前期的发展态势与密松水电站项目类似，但由于缅甸国内党派争权的政治需求，政府与地方政权形成合作争取民意支持，且项目公司及时纠正了利益分配问题，社会抗议转为社会认可，项目由败转成。

总而言之，中国企业对缅甸投资项目成与败，影响因素众多，本书认为其核心是利益分配。投资项目利益分配得当，兼顾政府、地方政权和社区的政治、经济、环境和社会利益，项目就能获得社会认同，顺利实施；反之则引起社会抗议，项目实施的社会成本大幅增加，导致停工，造成无限损失。利益分配得当，投资软环境主体的需求才能得到满足，软环境建设才有根基。

表1—1 中国企业在缅甸三大投资项目情况①

项目名称	中缅油气管道	密松水电站	莱比塘铜矿
项目股权构成	中方主导（50.9%）	中方主导（80%）	前期②：中方（49%） 缅方（51%） 后期：中方（30%） 缅方（70%）
主要资源流向	中国（90%原油和80%天然气）	中国（90%电力）	中国
民族武装冲突	存在	存在	不存在
总体收益分配	中缅双方互利共赢	缅方（60.67%） 中方（39.33%）	前期：中缅双方共享 后期：中方2%利润作为环保基金
百姓利益	严格执行民众自愿、不补偿不施工，尽量少占耕地的原则	补偿金给缅政府，缅方有强拆行为；移民村的建设和安置存在诸多问题；不考虑百姓的生产生活困难，导致百姓拒绝搬迁和抗议	前期：赔偿金的发放交由缅甸经控公司实施，私自减扣赔偿金，使用隐瞒和欺骗手段强迫村民签署赔偿合同 后期：按照新的条列进行征地补偿，且由项目公司直接实施
环境保护	请第三方完成环境评估和监管，确保达到国际标准	不及时主动公布环评报告；两个机构的环评报告结果截然相反，且未全面评估所有影响区域和受影响群体，激起质疑和抗议，最终上升成为"拯救伊洛瓦底江"的国家运动	前期：沿用加拿大艾芬豪矿业经营时不符合国际标准且脱离实际的环评报告 后期：重新进行环境和社会影响评估，中方2%利润作为环保基金
社会就业	尽可能本土化用工，施工高峰期，缅籍员工超过6000人，占人员总数的72%	不明确	前期：大规模征地造成大量失地村民，却没有给合适的工作机会 后期：实施传业补助金计划

① 项目情况由公开资料整理获得。
② 莱比塘项目中的"前期"指2012年年底全面停工前，"后期"指2012年年底全面停工后。

第一章 缅甸投资软环境对中国企业投资的影响因素

续表

项目名称	中缅油气管道	密松水电站	莱比塘铜矿
援助项目	投资企业主导完成援助项目；据不完全统计，援建24所幼儿园和45所中小学，援建2所幼儿园与诊所，1000万美元捐建供水和供电设施，解决沿线缺水缺电问题	实际受益的社会主体是政府管辖内民众，而非实际受到项目影响的沿线民众	前期：承诺大于实施。后期：成立由当地村民参与的"社区与社会责任发展小组"，每年100万美元用于企业社区与社会责任和社区帮扶项目
缅甸政府态度	基于社会和反对派的认可，缅政府无压力组建职业部队对管道进行军事化保障，以保障自身经济利益，并借此扩张管护控制范围	迫于国内外社会压力，孤立无援，选择牺牲中国利益，暂停项目	前期：对抗议活动强制镇压，尤其是"镇压僧侣事件"加剧矛盾，致使项目全面停止。后期：寻求各相关利益的合作，成立以昂山素季为主席的项目调查委员会，为项目恢复奠定基础
缅甸反对派态度	油气管道沿线经过若开邦、掸邦和克钦邦。若开邦主要政党没有公开支持，但也未有反对；克钦独立武装对管道建设，甚至与政府军冲突时，还商议保护管道责任	以民盟为首的10个政党要求暂停项目。项目所属管辖地的克钦独立军及其他武装明确表示反对军方建设电站	前期：以抗议为主的反对派由于政治原因，以合作的姿态积极协调各方关系，促进重新制定利益分配规则，增加了支持项目的政治和社会合力。后期：推动莱比塘复工的关键因素
NGO破坏	按照老套路煽动，但难以动员广大受惠群众反对项目；相反，群众成为保护管道实施的重要力量	披露环评报告，成功煽动百姓反对抗议项目，"拯救"母亲河"，"拯救"国家	前期：煽动民众，成立"拯救莱比塘山委员会"，策划抗议、游行、示威。后期：众多村民逐渐接受以调查报告为基础的说服和解释，多个反对莱比塘铜矿项目的NGO保持沉默或者转向支持
舆论压力	基本没有	社会批评从生态环境、移民安置等上升到社会不公、民族团结等深层次问题；负面舆论导致夹杂着环保主义、民族情绪演变为夹杂着环保主义、民族主义和民粹主义的社会问题	前期：随着"镇压僧侣事件"媒体舆论上升为侵害政府滥用权力和侵犯人权，项目全面停止
项目结果	成功	失败（项目仍未重新启动）	转败为成

第二节　区域制度建设对中国企业投资的影响

制度主要是指政策、法律法规、腐败控制制度、政府效率、监管质量、民主程度等。根据闵建蜀教授提出的闵氏评价法，软环境中的法律环境是评价投资环境的重要因素之一。本书主要从缅甸法制环境的角度分析制度建设对中国企业投资的影响。

黄丽馨于缅甸经济政治改革之前定量分析了以法律法规完备性为定义的缅甸投资制度环境：相比"法律法规健全"3分的标准，缅甸的法律环境只能打1分[①]。在之后的十年中，缅甸为加快推进以振兴经济为途径的民主改革，在外商投资的法规政策方面，加快建设步伐，逐步构建了法律法规基本健全的法律环境。继《缅甸外国投资法》后，缅甸相继出台了《缅甸外国投资法实施细则》《外国投资经济活动类型规定》《外国人永久居住条例》《缅甸经济特区法》《外资监管法》等，共同构成了缅甸现行外资法体系。

对于外商投资相关法律，缅甸各界政府都非常重视，该法制体系也在逐步完善。但总体而言，缅甸的法律法规在有些方面属于"止于文本"，完全没能具体落实。例如，1988年，《细甸联邦外国投资法》颁布，但政治独裁、经济封闭、政务作风腐败的法律环境使该项法规无法落地实施。在国际投资自由化趋势的大环境下，2012年8月《缅甸外国投资法》出台，但该法却在条款中增加了对外商投资的行业和范围限制，即此自由非彼自由，国际投资自由化在缅甸未能完全落实，甚至仅限于法律规定的文本含义。

---

① 黄丽馨：《东盟十国的投资环境分析与我国企业"走出去"战略》，《时代经济旬刊》2007年第10期。

本书以密松水电站项目分析说明缅甸法律环境的不健全和不稳定性对中国企业投资的影响。密松水电站是缅甸伊洛瓦底七个梯级电站之一，2011年9月，缅甸总统吴登盛在没有任何征兆的情况下，突然宣布暂停该项目。密松水电站被搁置体现了缅甸在法律方面的两大问题，具体如下：

第一，缅甸地方"人治大于法治"，法律严肃性被践踏。9月30日吴登盛总统在没有经过任何法律程序的前提下，突然单方面宣布暂停密松项目。一国元首以顺应"民意"为借口，任意摧毁法律的严肃性，撕毁外交协定，这是致命的。对于具有规范性和约束性的制度，缅甸"中央"尚且如此随性，"地方"对于法律法规的认可和执行程度，更加无法保证。

第二，法律执行力差。密松水电站位于缅甸北部的克钦地区，电站的建设与沿边克钦百姓的利益紧密相连。但这样一个能够解决克钦邦电力资源紧缺问题的项目却遭到当地百姓的强烈抵制，其中一个重要诱因就是法律规定执行不到位。中国企业的征地补偿款按照合约规定全数支付给缅甸执行方，但无视法规、贪腐成风的缅甸执行方却从中克扣，导致百姓只拿到部分甚至没有拿到赔偿款，进而引发排山倒海式的抗议浪潮。另外，密松水电站投资项目是在军政府时期签订的合作，法律规范中对于毁约赔偿问题有着明确的规定，但项目搁置后的损失，缅方没有按照合同法规对中国投资企业进行任何补偿，目前项目仍未恢复。

通过上述缅甸法规体系建设的研究，我们发现以法律振兴经济的目标正在逐步实施，但由于缅甸初期民主政治仍保留着军政府时期"人治大于法治"的作风和未完全实现政治经济统一的"中央"与"地方"的分权状态等原因，缅甸在依法治国和法律执行力方面还有很大的改善空间。同时，需要注意的是相关法律法规在不同区域执行力的差异性，会导致外资企业投资项目的实施在申报、审批、管理、监督方面存在风险，换言之，如果投资企业仅仅遵守已经出台的全国层面的法律法规，忽视法律法规执行的区域差异，将会给投资项目实施增添障碍。

第三节　区域社会结构对中国企业投资的影响

按照马克思主义社会学的观点，"狭义的社会结构指由社会分化产生的各主要社会地位群体之间相互联系的基本状态。这类地位的群体主要有：阶级、阶层、种族、职业群体、宗教团体等，其中社会阶层结构是核心"[①]。

缅甸的主体民族是缅族，是中央政府的"掌权人"。由于历史原因，缅甸社会由两个阶层构成：奉行大民族主义的缅族社会阶层，即"中央"，和以分离主义为导向的少数民族武装阶层，即"地方"。"中央"是缅甸政治中心，但这个政治中心是缅族的政治中心，包含了缅甸曾经的首都仰光和现在的首都内比都以及其正式行政区划中的七个省。"地方"是少数民族所在的七个邦区，是武装割据的区域。传统意义上的"中央"和"地方"是纵向的行政架构关系，"中央"管理"地方"，"地方"服从"中央"。但缅甸却是极其特殊的，缅甸"中央"与"地方"实际是分离的，甚至是对立对抗的。"地方"总是受到很多不公正待遇，如自治身份不被认可，人民身份不被认可，利益不被公平分配，种族不被正视等。顺理而为，"中央"的政权也就不被"地方"服从。另外，缅族"中央"与少数民族"地方"在社会经济发展方面差异巨大，这是缅甸社会阶层分化的重要原因，也

---

① 彭劲松：《马克思主义社会结构理论与社会整体文明建设》，《社会主义研究》2007年第5期。

是结果。19世纪80年代英国殖民缅甸，对缅甸实施分治政策，即对缅族地区和少数民族地区实行不一样的殖民统治，这一政策使缅族和少数民族加速分化，使两个族群区域的社会发展差距进一步拉大。缅甸独立后，缅族掌握了国家政权，大缅族主义盛行，少数民族在政治权利和经济地位方面处于绝对劣势，地区发展和民族分化问题进一步恶化。

社会结构复杂混乱以及社会阶层严重分化的社会特点增添了中国企业对缅甸投资的风险。以缅甸政府同克钦邦的矛盾为例，进一步说明缅甸社会结构的不平衡性对中国企业投资的影响。

克钦邦地区是资源能源丰硕之地，是中缅门户，是缅甸经济发展和边境安全的关键。但由于历史和现实原因，缅甸政府对克钦邦只有20%的控制权，这样的失控状态是缅甸政府最大的内忧之一，也是中国企业投资缅甸的核心风险之一。密松水电站项目80%在克钦政府辖区，20%在缅甸中央政府辖区。从克钦地方政权的角度来分析，他们认为项目投资和实施方中国电力投资集团公司没有与克钦地方政权就此项目在土地赔偿、移民搬迁、安保、收益等方面进行协商，致使克钦失去本应属于项目所在地的主控权，因此克钦方就项目地域管辖权与项目利益分配不匹配的问题一直与中央政府对抗。从中央政府角度来看，虽然水电站项目会给缅方带来巨大经济利益，但为了平衡大国之间的博弈，更为了避免克钦在此项目上获得利益而发展壮大，中央政府以"牺牲他人，保全自己"的方式，暂停了项目。由此可见，缅甸中央政府与地方少数民族武装之间两大族群、两种社会力量的对抗，是中国投资项目被搁置的主要原因之一。

第四节　区域文化差异对中国企业投资的影响

文化是族群精神的既有、传承、创造和发展的总和，包括历史、地理、风土人情、传统习俗、生活方式、宗教信仰、文学艺术、思维方式、价值观念、审美情趣、精神图腾等因素。缅甸文化是缅甸人民在历史发展长河中形成的固有的、有共性也有特性的精神生活方式，是历史文化、生产文化、生活文化、民族文化、宗教文化以及外来文化的综合体现。本节通过文化在缅甸不同区域的表现，分析文化差异对中国企业投资的影响。

一 缅甸中部文化与中国投资

缅甸"中部"，是伊洛瓦底中下游的富庶区域，物产丰富，盛产稻米，是"缅甸粮仓"，是缅族聚居区，也是缅甸政治经济文化中心。中部文化实质是缅族文化。缅族的缅语和文字是缅甸通用语言文字，主要信仰小乘佛教，其价值核心以佛教教义为基础，生活方式和习俗谨遵佛教规矩。但长期生活在富庶区域又是政治文化中心的缅族，享受着地域环境带来的发展优势，其知识文化水平、眼界格局，以及总体发展都高于其他民族，由此产生了一种民族优越感，也正是这种优越感加剧了少数民族的"分离性"。

对于中国企业投资而言，缅甸中部地区属于政治文化中心，是平原富庶区，文化祥和，投资风险小，在环境方面适合投资；但其缺少对外资吸引最大的能源和资源，因此除了基础设施外，基本没有大型外资企业的投资项目落户于此区域。

二 缅甸西部文化与中国投资

缅甸"西部"的若开文化是缅甸文化中比较独特的单元。若开文化受到孟缅佛教文化的影响，同时加入了伊斯兰文化元素，呈现出异于缅甸其他区域的文化特质。因此，缅甸西部的文化特点体现在若开族与缅族的文化差异和佛教与伊斯兰教的文化差异上。首先，若开族与缅族都是藏缅语族系列，从同一个方向和路线进入缅甸，但由于若开族居住的若开邦与缅族居住的"中部"被高山阻隔，在地域分离和历史洗涤下，若开族与缅族已无亲密连接。其次，历史上，缅族政权曾在英缅战争中把若开邦割让给孟加拉，因此，若开人民对缅族中央政权也有"离心性"。最后，若开邦还有一特殊人群，来自孟加拉的移民罗兴亚人。信仰伊斯兰教的罗兴亚人一直得不到缅甸政府的身份认可，也得不到与信仰佛教的若开族相同的国民待遇，加上不同的思想意识和生活方式，导致双方冲突不断，族群矛盾上升为宗教文化对抗。

对于中国企业投资而言，若开是重要投资区。皎漂港自然水深约24米，可航行、停泊约30万吨级远洋客货轮船，是缅甸最大的远洋深水港。中缅油气管道起点马德岛就是皎漂港离岛，而皎漂深水港和工业园区项目也是计划中的中缅重大合作项目。以此来看，以宗教冲突为主的缅甸西部文化碰撞使该区域的投资风险甚高，而这样的地区往往能源资源丰富或地理位置优越，又是投资不可放弃之地。

三 缅甸东部文化与中国投资

缅甸东部以掸邦区域为主，以掸邦文化和华人文化为载体。掸邦是缅甸最大邦区，是多民族集居区，其中掸族占60%，也是华人聚居区。掸邦与缅甸政府矛盾尖锐，曾在1993年时宣布脱离缅甸联邦独立建国。掸邦外与缅军对立，内与德昂军对抗，战事不断，外忧内患使其控制区域成为高风险地域。

对于中国企业投资而言，掸邦地处高原，森林和矿产资源非常丰富，是投资的重要地区。虽然掸邦战事冲突频繁，但掸邦与中国西双版纳接壤，掸族与中国傣族同源同祖，在文化上有共融性；同时，掸邦又是华人聚居区，华人网络的文化沟通力量能为中国企业开辟与当地文化融入的捷径。基于此,以掸邦为代表的缅甸东部,虽有政治冲突,但掸族与傣族的文化共同性和华人的文化共融性能在一定程度上助力中国企业投资。

四 缅甸南部文化与中国投资

缅甸"南部"主要是指孟邦、克伦邦、克耶邦区域。"南部"多为丘陵、平原和沿海地区。孟族是最早迁移到南部的民族,孟族文化对缅甸文化影响非常深远,学者们的研究普遍认为孟骠文化是缅甸文化的基础。孟族曾在下缅甸建立过强大的孟王朝。但是由于孟族王朝多次被缅族所灭,因此孟族大多被缅族同化,其风俗习惯已与缅族基本没有差异,但缅族民族主义又使文化习俗上与之相似的孟族难以融入。克伦和克耶属于藏缅语族,克耶是克伦的分支,两者有很多的共融性,虽信仰佛教,但克伦和克耶两族性情刚烈、尚武好斗。克伦和克耶分别拥有少数民族武装,长期与缅甸政府对抗。

对于中国企业投资而言,"南部"地区的能源资源与其他地区无法相比,且少数民族武装割据,小的冲突不断发生。因此,无论从投资目的和投资安全而言,缅甸南部缺少吸引力。

五 缅甸北部文化与中国投资

缅甸北部是以克钦邦和钦邦为中心的区域。本部分以克钦文化为例,分析缅甸北部文化与中国投资的关系。

克钦邦是克钦族自治邦,首府在密支那,使用克钦语。东部与中国云南怒江傈僳族自治州、保山市和德宏傣族景颇族自治州接壤。克钦邦古代为中国领土,在唐代属于中国地方政权南诏国的领土,宋代属于大理国的领土,1941年被英国占领并入英属缅甸。克钦邦有"缅甸北大门"之称,是西南丝绸之路要塞。克钦邦的主体民族克钦族与中国景颇族是同源民族，彼此来往密切，通婚互市。同时，克钦受英国文化影响极大，基本全民归信基督教，就连克钦文字也是西方语言学家汉森博士用拉丁字母创造的。

从文化当中的民族成分来看，缅甸克钦与中国景颇是同源同祖的民族，"胞波情谊"木曾中断，这样的民族归属感对于中国投资而言，是有一定优势的。但基于文化多样性的特征，克钦族分为亲中派、亲缅派和亲西方派三个政治文化群体。亲中派希望得到中国的支持，解放人民，重建独立邦国；亲缅派主张与缅族讲和，甚至接受招安，以土地资源和民族自决权换取和平；亲西方派妄图依靠西方大国势力，通过民主改革使缅甸逐步走向民主胜利。族群内部分裂的意识形态使以克钦族为主体的克钦邦在文化上无法统一，致使其所辖区域发展落后、动荡不安。

缅甸北部，资源能源丰富，与中国云南接壤，但少数民族武装割据状态不仅影响了缅甸的和平进程，也使中国投资企业难以根植于当地社会，难以保障投资项目顺利开展，甚至被迫搅进缅甸民族矛盾的旋涡，导致投资项目成为权力斗争的牺牲品。

小 结

本章通过对比分析密松水电站、中缅油气管道和莱比塘铜矿的主体利益分配情况指出：利益分配机制是中国企业对缅甸投资项目成败的关键；通过密松水电站案例分析指出：缅甸依法治国效能低，中国投资需谨慎；通过民族和宗教的阶层分化问题指出：社会结构发展不平衡制约着区域社会经济的发展，成为中国企业投资缅甸的障碍之一；通过区域文化对比指出：投资软环境的空间差异不能忽视，中国企业投资区位选择可以将文化差异列为重要因素，即缅甸中部资源能源少，文化祥和，风险小；西部，能源丰富，但宗教冲突大幅度提升投资风险；东部资源丰富，同源民族情以及华人网络的文化沟通能力能为中国投资开辟与当地融合的道路；南部资源少，民族争斗不断，文化共融性较差；北部民地武集聚区，能源资源丰富，但文化复杂，中国企业较难嵌入。

无论是利益分配机制、制度建设、社会阶层分化，还是区域文化差异，都是东道国投资软环境的组成部分，这些因素形成了软环境的综合体，同时，这些因素之间相互作用、相互影响。通过对这些因素的分析，阐明缅甸区域软环境对中国投资的影响，为本书评价中国企业对缅甸投资的区域软环境提供现实依据。

第二章 中国企业对缅甸直接投资的区域软环境评价体系构建

对于东道国而言，投资软环境评价的目的在于对招商引资的非市场环境进行自我检测，提供建设建议，进而提升东道国吸引外资进入的核心竞争力；对于投资国来说，为了保证本国企业对外投资的利益，需要以东道国的制度和社会文化为基础，为建设适于本国对其投资的区域软环境提出建议，以保证投资企业的安全和权益。本章的主要任务是建立一个以中国企业为评价主体的缅甸投资软环境评价指标体系。

第一节 区域投资软环境评价方法

软环境评价方法实质上是软环境指标的确立方法以及指标体系中各指标权重的计算方法。

国外对投资软环境评价方法的研究大约从20世纪60年代后半期开始，硕果累累，具有较强代表性的是等级尺度法、冷热分析法、道氏评估法、相似度评价法等。国内对投资环境评价的研究是随着改革开放的步伐逐步兴起的，处于探索阶段，以多因素和关键因素评估法、主成分分析法、层次分析法为代表。

本书对缅甸投资软环境的评价，选取了国内外投资软环境评价方法中适宜的部分，从投资者的角度进行，不仅从国家总体层面，更注重从区域范围进行投资软环境的对比，最终实现客观真实的综合评价。

一 层次分析法

层次分析法是美国运筹学家萨蒂教授于20世纪70年代初提出的将与决策层有关的元素分解成目标、准则、方案等层次，在此基础上进行定性和定量分析的评价方法[①]。该方法的具体步骤是：

1. 建立递阶层次机构：目标层、准侧层和措施层；
2. 建立两两对比判断矩阵；
3. 层次单排序和一致性检验；
4. 层次总排序和一致性检验。

具体来说，运用层次分析法进行投资软环境评价时，首先，确定评价指标，根据层次分析法原理，采用1—9标度，构建A、B1、B2、B3、B4、B5层的判断矩阵，计算权重，并进行一致性检验，经过计算最终得到各评价指标的权重；其次，对投资环境调查数据进行标准化处理，计算综合评分；最后，按计算出的标准值，分别对各个评价对象按照权重加权综合评分。

层次分析法的优点是：

1. 系统性：按照分解、比较、判断、综合的思维方式进行系统分析；
2. 实用性：以定性定量相结合的方式处理传统的优化方法不能解决的问题；

---

① 王守伦等：《投资软环境建设与评价研究》，中国社会科学出版社2009年版，第23—24页。

3. 简洁性：计算简便，结果明确。层次分析法的缺点是定量数据少，定性成分多。解决方法可以是增加评价指标，细分评价层次①。

二 专家调查法

专家调查法也称为德尔菲法，是依靠专家的知识和经验，对问题作出判断、评估和预测的一种方法。专家调查法的特点是①公平性：专家成员只是通过函件交流，以避免权威影响。②反馈性：多轮信息反馈，直到意见趋于集中。

专家调查法最大优点是能尽量避免权威影响而主导群体意志，提高意见收集的广度和深度。缺点是专家的选择没有明确的标准，扩散性太强，使意见一致性的统计推断过程变得复杂②。

各种评价方法都有优点和缺点，因此，本书在进行投资软环境评价时采用的是一种综合方法，拟通过综合集成的方法，取其精华，克服缺陷，力争使评价的精准度更高。综合评价是运用层析分析法和专家调查法，以软环境中的投资影响因素为基础构建评价指标体系；根据指标的重要程度确定权重，计算出各级指标分数和总指标分数；根据定义对指标分数进行标准化处理，并进行四级定性评价。

第二节　区域投资软环境评价指标体系构建

一　投资软环境的特点

投资软环境是一个内涵丰富的概念，要建立体现其综合实力的指标体系和数学模型，必须了解投资软环境的特点：

---

① 王守伦等：《投资软环境建设与评价研究》，中国社会科学出版社2009年版，第23—24页。
② 陈玉祥：《专家调查法》，《青年研究》1983年第4期。

1. 覆盖面广

"环境"是一种范畴,是由各种影响因子构成的综合体。"以物为本"的客观因素构成了"硬环境","以人为本"的主观因素构成了"软环境"。投资是人的主观意识下的经济行为,基于此,可以将软环境定义为影响投资的所有"人本"要素综合体。因此,指标选择上不可能做到全覆盖,只能按照分类选择标志性强的指标,最终形成层次分明、上下衔接、结构完整的指标体系。

2. 显隐共存

投资软环境作为区域社会生产关系的重要体现形式,涉及政治、制度、社会、文化等多个方面的要素,而每一个要素既要有隐性指标,也要有显性指标,才能形成一个立体评价。

3. 动态性强

投资软环境不是一成不变的,它随着东道国的政治、经济、社会、文化的发展而变化。因此对于投资软环境的研究,需要有纵向对比,即,对"过去"总结,对"现在"评价,对"将来"预判。

二 指标体系构建的基本原则

投资软环境评价指标体系是由多个指标构成的统计指标群,指标选择直接关系到研究结论的科学性、准确性和可行性,关系到能否为后期研究提供具有可操作性的依据。因此,本书投资软环境评价体系的建立需遵循以下基本原则:

1. 投资者导向性

本书中,投资软环境评价体系建立的目的是解决中国企业对缅甸"投资越多,抵制越强"的困境,促进中国企业对缅甸投资的可持续发展,因此采用以投资企业为评价主体的评判方式和指标设计是第一要务。

2. 系统性

根据区域投资软环境的特点,指标选取既要有反映各子系统发展状况的内部指标,又要有衡量各子系统相互影响、相互作用的外部指标;既要有描述当前状况的静态指标,又要有反映质量提升的动态指标。

3. 可操作性

指标体系的设置要考虑指标资料的可获取性、可量化性和有效性,也就是主观评价可量化,客观数据可分析。

4. 时效性

指标选择需要符合目前缅甸的实际情况,强调其在特殊阶段的时效性。具体来说,投资东道国现有软实力并不代表未来软实力,特别对于像缅甸这样处于民主转型期的国家,未来的一切都具有太多不确定因素,因此,"评价当下"是最佳方式,即构建一个适于缅甸民主转型期的区域投资软环境评价体系,评价这个特定时期的缅甸投资软环境。

三 指标体系设计的基本思路和方法

根据第一章缅甸软环境对中国企业投资的影响因素分析,从上述特征和原则出发,本书将区域投资软环境指标系统分为投资软环境总指标、一级指标、二级指标和三级指标4个层次。从4个一级指标,19个二级指标,71个三级指标来描述和度量缅甸投资软环境的优劣,这四个层次系统相互依存又互相独立,是一个不可分割的整体。

四 指标选取

本书的指标选取是在文献综合的基础上,采用层次分析法和专家调查法，构建以中国企业为评价主体的缅甸投资软环境评价指标体系，由总指标、一级指标、二级指标和三级指标4个层次构成。邀请11位人文地理学区域经济发展方向、地缘政治方向以及国际关系学的教授、副教授、博士生组成专家组，由他们给予评价和选择，并根据隶属度做出分析、筛选确定。隶属度是专家中选择该指标的百分率，公式为 $ri = mi/m$（m是专家总人数，mi是专家中选择了该指标的人数），隶属度越大越好，并根据隶属度大于0.1的指标，筛选和确定。

1. 一级指标

根据导论中的文献分析以及投资软环境概念解析和理论基础，笔者认为学者们在讨论投资软环境时，大多都把制度因素作为第一要素。科学的制度是促进经济发展、社会进步的重要因素，是投资软环境建立和改善的保障和支撑。特别在投资东道国处于经济改革发展初期或者转型阶段的时候，制度因素是投资软环境诸多构成因素中最重要的。随着经济改革的深入发展，制度因素不一定一直保持核心地位，但其影响贯穿整个投资经济行为的始终，从市场进入，到后续经营，直至市场退出。

从近年来中国企业投资缅甸的失败案例中，不难发现社会问题成为了投资项目被反对、抵制、停滞甚至终止的导火线，已成为牵制中国企业前行的枷锁。同时，由于缅甸社会保障体系不健全、社会控制能力弱等问题，社会群体事件一旦爆发便不可收拾，使中国企业在突发事件处理上完全处于被动。基于此，从预防和控制的角度，本书把保障投资顺利开展的社会环境作为一级指标的第2个选项。

文化是指一个国家或民族的历史地理、风土人情、生活方式、文学艺术、行为规范、价值观念等。文化差别是区域差异的本质差别之一①。不同区域有不同的文化内涵和文化表象。对外投资企业在东道国的本地化发展实质上是不同文化的交流融合,是不同文化主体在制度、语言、价值观念、生活方式、文学艺术等方面相互适应、磨合的过程。文化环境是区域竞争力的重要体现,是区域招商引资和可持续发展的重要影响因素。对外投资企业在进行投资区位选择时,文化和文化相似性的影响越来越大,甚至成为比市场规模、关税、成长性等传统要素更需优先考虑的因素②。因此,文化环境是投资软环境指标体系中不可或缺的部分。

舆论是一种形式,其主体由新闻媒体和非政府组织构成。信息时代,舆论宣传成为政治和商业竞争的重要阵地。舆论宣传的影响力将随社会信息化的发展越来越大,时刻影响着外商投资项目的实施和成败。中国企业投资缅甸的失败经验显示:由新闻媒体或者非政府组织主导的负面舆论已经成为投资项目逆向发展的助推器。基于此,舆论环境被设计为投资软环境的第 4 个一级指标,这是本书评价指标体系区别于其他体系一个重要项目,是投资软环境评价内容的重要拓展。

以上 4 个一级指标构成了投资软环境的准则层,它们相互影响又彼此独立。每个指标层再进一步细化为二级指标和三级指标,以便弱化层析分析法的缺点,最大程度实现定性与定量相结合的指标分析和计算。

2. 次级指标

就制度环境而言,Buckley P. J. 等认为制度环境主要由《全球治理指标报告》(*World Governance Indicator*) 中东道国政权稳定性和

---

① 王守伦等:《投资软环境建设与评价研究》,中国社会科学出版社 2009 年版,第 94 页。
② 周凌霄:《东道国文化环境对跨国公司对外投资行为的影响》,《产经评论》2007 年第 2 期。

法制水平来测定①。North D. C. 指出一个国家的制度包含正式制度（宪法、法律、财产权利）、非正式制度（制裁、禁忌、风俗、传统和行为守则）和实施制度②。基于文献分析和缅甸投资软环境中的制度因素对中国企业投资的影响剖析，本书讨论的制度环境评价包含体现国家政权稳定性的政治体制、经济体制，以及体现东道国法治水平的投资政策法规、政务服务4个二级指标。其中，稳定性和成熟性以及大国干预的影响度、与经济发展的协调性用于衡量政治体制状况；计划与市场比重、对中国投资的认识、政府对企业的干预、银行体系健全性、资本获得便利性、投资行业准入难度、地方保护程度、汇率制度、汇兑风险和结算风险用来衡量经济体制状况；健全性、稳定性和持续性、成熟性和超前性、落地性、投资者产权保护力度用来衡量投资政策法规情况；依法行政、工作效率、服务意识、信息公开、廉洁奉公、服务标准化程度用来衡量政务服务情况。

就社会环境而言，王守伦等认为社会环境主要包括治安状况、生活质量、教育水平、科技能力、医疗卫生、交通运输、生态环境、商务条件等③。祖丽菲亚指出对于投资企业而言社会环境是指投资东道国的社会结构、社会习俗、信仰、价值观念、行为规范、传统文化、人口规模与地理分布等因素的形成和变动④。基于文献分析和缅甸投资软环境中的社会因素对中国企业投资的影响剖析，本书的社会环境被设计为社会结构、社会秩序、社会保障、社会服

---

① Buckley P. J. and Cross A. R. eds., "The Determinants of Chinese Outward Foreign Direct Investment", *Journal of International Business Studies*, Vol. 38, 2007, p. 499.

② North D. C., *Institutional Change and Economic Performance*, UK: Cambridge University Press, 1990, p. 321.

③ 王守伦等：《投资软环境建设与评价研究》，中国社会科学出版社2009年版，第94页。

④ 祖丽菲亚：《浅谈投资的社会文化环境》，《科技信息》2009年第25期。

务体系健全程度四个方面。其中,人口结构、城乡结构、就业结构、区域结构、社会阶层结构、劳动力成本用来衡量社会结构;社会稳定性、群体事件、社会控制能力、反华排华用来衡量社会秩序;收入、住房、医疗、卫生、教育、保险用来考量社会保障;社团、民间组织和中介机构、科技水平、受教育程度、环境保护用来衡量社会服务体系健全程度。

就文化环境而言,Jones G. K. 指出文化环境是指在特定社会形态下形成的特定信念、价值观念、宗教信仰、道德规范、风俗习惯等社会公认的各种行为规范[1]。王守伦等认为文化环境包含重商意识、财富欲望、消费倾向、勤劳精神、竞争和合作精神、诚信意识、法制观念等[2]。基于文献分析和缅甸投资软环境中的文化差异对中国企业投资的影响机制剖析,本书讨论的文化环境确定为国民心态、文化包容性和宗教信仰3个二级指标。其中,以独立自主、创新开放、竞争合作、法制观念、诚信意识来考量国民心态成熟度;以对外来人员和文化的接纳与容纳程度、市民的学习风气、语言文字来衡量文化包容性;从宗教对政治的影响、宗教歧视两个方面来考量宗教信仰情况。

就舆论环境而言,张世晓认为舆论环境是指舆情传播的载体和共生状态,适应社会环境的舆论,能够迅速发展扩散,成为社会的普遍意见[3]。基于文献分析和中国企业投资缅甸的实证案例经验,本书讨论的舆论环境被设计为国家舆论的开放程度、国家对新闻媒体宣传的

---

[1] Jones G. K., "Global R&D Activity of U. S. MNCs: Does National Culture Affect Investment Decision?" *Multinational Business Review*, Vol. 9, No. 2, 2001, p2.

[2] 王守伦等:《投资软环境建设与评价研究》,中国社会科学出版社2009年版,第95页。

[3] 张世晓:《区域投资环境形象舆情监测与声誉管理体系建设研究》,《湖北经济学院学报》(人文社会科学版)2014年第2期。

政策法规、政府对外宣传能力、民地武对外宣传能力、非政府组织的舆论介入程度、国有媒体的宣传能力、私营媒体的宣传能力7个二级指标。其中，政府管制程度、发展趋势、对民意和政府决策的影响力用来衡量国家舆论的开放程度；政策法规完善性、严谨性、稳定性、执行力、被认识度用来衡量国家对新闻媒体宣传的政策法规情况；招商引资宣传力度、通过媒体解决危机的能力、对舆论的控制力三方面用来考量政府对外宣传能力；对区域内舆论的控制力、区域内舆论宣传的群众认可度两方面用来衡量民地武对外宣传能力；组织属性与舆论导向的密切性、舆论宣传的群众认可度用来衡量非政府组织的舆论介入程度；活跃程度、群众认可度两方面用来衡量国有媒体和私营媒体的宣传能力。

基于上述考虑，本书采用层次分析法专家调查法，在多领域、多尺度、多因素的综合研究框架下，构建了四级指标评价体系（见表2-1），应用于中国企业对缅甸投资软环境的评价。通过指标的层层细分，将领域多样化、要素复杂化的区域投资软环境分解成四个相对容易界定的变量。为了凸显软环境指标的重要性，同时考虑到指标数据获取的可行性，指标的选取并没有泛化。

五 权重确定

本书采用专家调查法和两两重要性比对法，并借助层次分析法软件确定和计算出中国企业对缅甸投资的区域软环境评价指标的权重。邀请11位人文地理学区域经济发展方向、地缘政治方向以及国际关系学的教授、副教授、博士生组成专家组，在各层次指标确定的基础上，请专家组成员独自对制度环境的四个二级指标进行两两重要性比对打分，再对每个二级指标下的次级指标进行两两重要性比对并打分。在进行两两重要性比对时，先对比这两个指标的重要性，对重要程度按照1—9标

第二章 中国企业对缅甸直接投资的区域软环境评价体系构建

度法进行打分，分值越低表示重要性程度越低，分值越高表示重要性程度越高，然后取11位专家组成员的平均值作为结果，借助层次分析法软件得出各层级指标的权重①。运用同样的程序和方法得出社会环境、文化环境和舆论环境各层级的权重，最终形成完整的中国企业对缅甸投资区域软环境评价指标体系（见表2-1）。

六 评价指标体系及相应权重

中国企业对缅甸投资的区域软环境评价指标体系如表2-1所示，表中括号内的数字为各指标相对于上一级指标的权重。

表2-1　　中国企业对缅甸投资区域软环境评价指标体系

总指标	一级指标	二级指标	三级指标（调查项目）
中国企业对缅甸投资区域软环境	制度环境（0.331）	政治体制（0.297）	稳定性和成熟性，大国干预的影响度（0.645）
			与经济发展的协调性（0.335）
		经济体制（0.283）	计划与市场的比重（0.173）
			对中国投资的认识（0.137）
			政府对企业的干预（0.115）
			银行体系健全性（0.078）
			资本获得便利性（0.079）
			投资行业准入难度（0.017）
			地方保护程度（0.085）
			汇率制度、汇兑风险（0.073）
			结算风险（0.143）

---

① 权重计算方法借鉴洪菊花在构建区域合作与地缘安全关系评价指标体系构建运用的方法。洪菊花：《区域合作与地缘安全协同演进研究——以中国面向东南亚为例》，博士学位论文，云南师范大学，2016年。

续表

总指标	一级指标	二级指标	三级指标（调查项目）
中国企业对缅甸投资区域软环境	制度环境（0.331）	投资政策法规（0.271）	健全性（0.213）
			稳定性和持续性（0.198）
			成熟性和超前性（0.201）
			落地性（0.187）
			投资者产权保护力度（0.201）
		政务服务（0.149）	依法行政（0.178）
			工作效率（0.278）
			服务意识（0.065）
			信息公开（0.097）
			廉洁奉公（0.135）
			服务标准化程度（0.247）
	社会环境（0.313）	社会结构（0.227）	人口结构（0.098）
			城乡结构（0.173）
			就业结构（0.185）
			区域结构（0.282）
			社会阶层结构（0.185）
			劳动力成本（0.077）
		社会秩序（0.305）	社会稳定性（0.256）
			群体事件（0.239）
			社会控制能力（0.213）
			反华排华（0.292）
		社会保障（0.158）	收入（0.185）
			住房（0.196）
			医疗（0.172）
			卫生（0.091）
			教育（0.193）
			保险（0.163）
		社会服务体系健全程度（0.310）	社会救助（0.215）
			社团、民间组织和中介机构发展水平（0.197）
			科技水平（0.223）
			受教育程度（0.209）
			环境保护（0.156）

续表

总指标	一级指标	二级指标	三级指标（调查项目）
中国企业对缅甸投资区域软环境	文化环境（0.227）	国民心态（0.375）	独立自主（0.137）
			创新开放（0.235）
			竞争合作（0.239）
			法制观念（0.313）
			诚信意识（0.076）
		文化包容性（0.263）	对外来人员和外来文化的接纳与容纳程度（0.657）
			市民的学习风气（0.132）
			语言文字（0.211）
		宗教信仰（0.362）	宗教对政治的影响（0.545）
			宗教歧视（0.455）
	舆论环境（0.129）	国家舆论的开放程度（0.247）	政府管制程度（0.431）
			发展趋势（0.218）
			对民意和政府决策的影响力（0.351）
		国家对新闻媒体宣传的政策法规（0.116）	政策法规的完善性（0.314）
			政策法规的严谨性、稳定性（0.239）
			政策法规的执行力（0.253）
			政策法规的被认识度（0.194）
		政府对外宣传能力（0.197）	招商引资宣传力度（0.319）
			通过媒体解决危机的能力（0.336）
			对舆论的控制力（0.345）
		民地武对外宣传能力（0.088）	对区域内舆论的控制力（0.732）
			区域内舆论宣传的群众认可度（0.268）
		非政府组织的舆论介入程度（0.162）	组织属性与舆论导向的密切性（0.654）
			舆论宣传的群众认可度（0.346）
		国有媒体的宣传能力（0.095）	活跃程度（0.519）
			群众认可度（0.481）
		私营媒体的宣传能力（0.095）	活跃程度（0.519）
			群众认可度（0.481）

小　结

本章采用层次分析法和专家调查法，根据投资软环境评价覆盖面广、显隐共存和动态性的特点，遵循投资者导向性、系统性、可操作性和时效性的原则，建立了以制度、社会、文化和舆论环境为准则层的投资软环境评价指标体系。制度环境包括政治体制、经济体制、投资政策法规、政务服务4个二级指标，政治体制成熟稳定性、计划与市场的比重、依法行政等19个三级指标；社会环境包括社会结构、社会秩序、社会保障和社会服务体系健全程度4个二级指标，人口结构、社会控制能力、社会救助等21个三级指标。文化环境包括国民心态、文化包容性和宗教信仰3个二级指标，法制观念、宗教对政治的影响等9个三级指标。舆论环境包括国家舆论开放程度、非政府组织的舆论介入程度等7个二级指标，政府对舆论的管制程度、国有媒体的群众认可度等18个三级指标。同时，采用专家调查法和两两重要性比对法结合而成的综合分析法，借助层次分析法软件计算出指标权重，构建了一个完整的评价体系，为中国企业对缅甸投资区域软环境的评价提供了技术支持。

本书投资软环境评价指标体系的构建，参考了学者们前期的研究成果，同时也有创新，具体如下：第一，评价主体有别于其他评价体系。传统的投资软环境评价是以东道国为主体进行的，是东道国对自身软实力的一种自我测评，以便更好地实现招商引资最大化；本书以投资者（中国企业）的角度构建东道国（缅甸）的投资软环境评价体系，旨在为中国投资企业获取最真实可靠的缅甸投资软环境评价结果，为投资决策和实施提供参考。第二，评价体系的构建讲究时间的特定性，换言之，该体系适合对民主转型期的缅甸区域投资软环境进行评价。第三，评价指标选择有所拓展。除了政治、经济、社会、文化等传统因素外，本书根据中国企业投资缅甸的经验总结，将舆论环境设计为投资软环境评价的一级指标之一，这是投资软环境评价内容的重要拓展。

第三章 中国企业对缅甸直接投资的区域软环境评价

外商投资是推动一国经济发展的重要动力。Dunning 的直接投资阶段论将投资环境视为决定一国直接投资阶段的重要因素,投资环境的优劣直接决定了外商投资的流向和规模①。自 2011 年起,缅甸政府竭力推进国内经济的转型发展,改善吸引外资的市场条件,营造有利于外资进入的非市场环境。但是,由于基础薄弱,缅甸的投资环境依然存在着诸多问题,特别是在软实力建设方面。2014 年,世界银行发布的《全球营商环境报告》从 10 个方面对各国营商环境进行了评估,缅甸在 189 个参评经济体中仅排名第 182②。

缅甸民主改革的过程,是其经济发展的革新过程,也是其吸引外商投资的演变过程。2011 年以前,由于缅甸的"闭关锁国"和西方经济制裁,缅甸的外商投资处于中国"一家独大"的状态。2011 年开始,缅甸进入"粗放式招商引资"阶段,主要利用资源能源、廉价劳动力等基础优势吸引外商投资,投资准入门槛较低。外资规模的迅速膨胀,带来了经济利益,也带来了产业失调、环境污染等相关问

---

① 转引自王守伦等《投资软环境建设与评价研究》,中国社会科学出版社 2009 年版,第 17 页。
② 徐秀良、杨飞:《吴登盛执政时期缅甸的外资投资环境》,《东南亚南亚研究》2016 年第 4 期。

题。2014年新的《外国人投资法》及实施细则颁布，2016年民选政府执政，缅甸进入"招商选资"阶段。这一阶段，缅甸按照国家发展的战略需要，提高了外资的准入门槛。以此来看，缅甸招商引资工作逐步走向专业化、规范化和国际化，市场竞争机制更要求缅甸注重建设投资软环境，全面提升竞争力。

缅甸是中国的重要友邻，是"一带一路"国际合作规划中的重要环节，是中国企业对外投资的主要目的地之一。基于缅甸投资软环境对中国投资的影响，中国企业对缅甸投资不但需要常规的市场风险评估，更需要构建一个基于投资企业视角的、适于缅甸政治经济转型期的评价体系，对其投资软环境进行全方位的评估。

因此，无论是从缅甸自身软实力提升的角度，还是中国企业投资缅甸的现实需求，缅甸区域投资软环境评价势在必行。

第一节 中国企业对缅甸直接投资的现状及特征

一 缅甸地缘环境与中国企业直接投资

缅甸是东亚、东南亚和南亚的交会点，北接中国，西连印度和孟加拉，东邻老挝和泰国，西南濒临孟加拉湾和安达曼海，是实现中国与东南亚、南亚互联互通的重要枢纽。水路方面，缅甸的许多天然深海港为中国海外贸易西出印度洋直入波斯湾和红海提供了可能。陆路方面，规划中的中缅公路和铁路成为中国直达东南亚和南亚地区的重要通道。

"2015年中国发布的《推动共建丝绸之路经济带和21世纪海上丝绸之路的愿景与行动》中，清楚描述了由缅甸、孟加拉南下，与海上丝绸之路相汇于孟加拉湾的贸易通道，突出了缅甸在'一带一路'

南线的枢纽作用"①。中国海外投资企业是"一带一路"倡议的先行者。缅甸是中国"一带一路"倡议实施的关键节点之一。在"一带一路"提出来之前,中国企业对缅甸的投资遵循"和平共处五项原则",目标在于实现中国产能转移和能源进口,对缅甸进行经济援助;"一带一路"倡议提出来之后,中国企业对缅甸投资的最终目标是实现与缅甸的"共商、共建、共享"。

二 中国企业对缅甸投资的现状

随着中国与东南亚地区经济合作的不断深化,作为地缘经济合作的关键节点,缅甸一直都是中国对外投资的重要地区。据缅甸投资与公司管理局统计,截至2017年5月,在所有对缅甸投资的国家和地区中,中国以总投资额180亿美元位居首位,占缅甸吸收外资总额的26%,已批准投资项目183个②。具体投资情况如下:

(一)投资领域多元化发展

截至2015年6月底,缅甸的石油、天然气、电力、矿业行业投资占缅甸吸收外商直接投资的74.2%③。与缅甸的外商直接投资的总体情况保持一致,中国企业对缅甸的投资也集中在油气、矿业、水电等领域。1989年至1998年,中国企业对缅甸投资的主要领域是替代种植农产品、木材和玉石;1999年以后,中国企业开始大规模进入缅甸的基础设施建设、矿业、石油、天然气领域。由此可见,中国企业对缅甸投资集中在能源资源领域并非独有,而是缅甸招商引资最具吸

---

① 杜兰:《"一带一路"建设背景下中国与缅甸的经贸合作》,《东南亚纵横》2017年第1期。
② 中华人民共和国商务部:《中国在缅甸投资总额在所有国家中列首位》,http://mm.mofcom.gov.cn/article/jmxw/201707/20170702604782.shtml.,2018年4月11日。
③ 中华人民共和国商务部:《中国在缅甸投资总额在所有国家中列首位》,http://mm.mofcom.gov.cn/article/jmxw/201707/20170702604782.shtml.,2018年4月11日。

引力的砝码，是从"闭关锁国"到"对外开放"的必经之路，也许也是唯一的道路。

2017年4月10日，中国国家主席习近平与缅甸总统吴廷觉会晤，习近平强调，"中方愿同缅方加强发展战略对接，统筹推进贸易、投资、基础设施建设、能源、农业、水利、电力、金融、边境经济合作区等领域合作，推动皎漂经济特区等双方重点合作及有关互联互通项目早日实施，推动中缅合作今后多向教育、农村发展等缅民生领域倾斜"①。根据缅甸民主转型的特点，以中国对缅甸经济外交政策的引领，中国企业对缅甸投资在投资领域方面逐步走向多元化。

（二）投资与合作主体多元化发展

目前，中国对缅甸投资的主体仍主要以国有企业为主，例如中国冶金建设集团公司、云南联合外经有限公司、中国建材装备总公司、云南国际经济技术合作公司、中国环球工程公司、中国重型机械总公司等。基于投资领域和投资动机的复杂形式，就目前来看，国有企业先行一步，更加适合"走进缅甸"。因此，在很长一段时间，以国有企业为投资主体的方式还不会改变。从东道国合作方的情况来看，在民选政府之前，缅方与中国投资企业的合作对象主要以官方或军方企业为主；民选政府执政后，由于缅甸大多数能源资源产权仍掌握在前军政府政要、军队以及军方企业手中，因此合作主体在未来一段时间也不会改变。但不可否认，随着自由贸易的进一步发展，未来中国民营企业将逐渐成为中国对缅甸投资的主力军。这一点已经在中国国家发展与改革委员会2017年发布的《中国对外投资报告》中得以验证：从规模上看，国有企业仍是"走出去"的主力军，但从数量上看，对

---

① 中华人民共和国中央人民政府：《习近平同缅甸总统吴廷觉举行会谈——两国元首一致同意推动中缅关系持续健康稳定发展》，http://www.gov.cn/xinwen/2017-04/10/content_5184705.htm.，2018年2月13日。

外投资的民营企业已超过国有企业，占企业总数的六成以上，投资主体日趋多元化①。除了数量上的优势外，民营企业投资项目的规模有较大突破。2016年4月中国民营企业广东振戎能源有限公司投资的土瓦经济特区炼油厂项目被缅甸民盟政府批准，这是民盟执政以来批准的首个中国投资项目，也是中国对缅甸最大的单一外商投资项目，投资额达30亿美元。

（三）投资的重大项目

为更好地总结经验，提升中国企业对缅甸投资的水平和能力，本书通过公开资料收集，梳理了中国企业对缅甸已经完成或者正在进行的重大投资项目的重点信息，见表3-1。此外，还有一些大型项目已经商谈、勘探了多年，仍未启动，例如伊江水陆联运通道、瑞丽江二级、太平江二级、缅甸皎漂—中国瑞丽公路，其中伊江水陆联运通道中缅双方已经商谈了20年。

三 中国企业对缅甸投资的特征

（一）经济政治化

政治与经济是国家存在和发展的核心要素，二者互为依托，相互促进。对于像缅甸这样处于政治转型特殊时期的发展中国家，为平衡国内外的政治博弈，经济的政治化倾向会表现得尤为明显，给国际投资带来重大负面影响②。2011年起，缅甸在民主转型过程中未能处理好的内外关系导致中国企业投资被严重政治化，对中缅经贸合作的顺向发展产生了较大的负面影响。中国企业对缅甸的投资项目中，经济政治化最明显的莫过于中缅密松水电站和莱比塘铜矿两大项目。

---

① 中国国家发展和改革委员会：《中国对外投资报告》，人民出版社2017年版。
② 朱立：《经济政治化：中国投资在缅甸的困境与前景》，《印度洋经济体研究》2014年第3期。

第三章 中国企业对缅甸直接投资的区域软环境评价

表3-1 中国企业对缅甸投资的大型项目（2003年1月—2018年3月）①

项目名称	项目位置	民族武装②	股权结构	规模③	方式	资源流向	实施周期	项目状态	结果
达贡山镍矿	曼德勒省	—	中方50% 缅方50%	8.2	PSC	中国	2008.7—2012.10	建成	成功
莱比塘铜矿	实皆省	—	中方49% 缅方51% 中方30% 缅方70%	10.65	PSC	中国	2010.6—2012.11 2013.10—2016.3	建成	成功
莫莘塘铜矿	钦邦	—	中方80% 缅方20%	4.7	PSC	中国	2005.8—2012	建成	成功
瑞丽江一级水电站	掸邦	KIA	中方80% 缅方20%	5	BOT	中国85%电力	2006.12—2009.4	建成	成功
太平江一级水电站	克钦邦	KIA	中方主导	2.7	BOT	中国90%电力	2007.12—2010.12	建成	成功
滚弄水电站	掸邦	MNDAA	中方主导	14	BOT	中国86%电力	2010.2—今	在建	未知
哈吉水电站	克钦邦	KNLA	中方41.7% 泰方58.3%	24	BOT	泰国90%电力	2010.4—今	在建	未知
密松水电站	克钦邦	KIA	中方80% 缅方20%	36	BOT	中国90%电力	2009.12—2011.9	停建	暂停

资料来源：根据公开资料整理。

② KIA指克钦独立军，MINDAA指果敢同盟军，KNLA指克伦民族解放军，SSA-S指南掸邦联军，SSA-N指北掸邦联军，TNLA指德昂民族解放军。

③ 金额单位为"亿美元"。

续表

项目名称	项目位置	民族武装	股权结构	规模	方式	资源流向	实施周期	项目状态	结果
其培水电站	克钦邦	KIA	中方80% 缅方20%	未知	BOT	中国 90%电力	2010.6— 2012.4	停建	暂停
中缅油气管道	若开 马圭 曼德勒 掸邦	KIA、 TNLA、 SSA-N SSA-S	中方50.9% 缅方49.1%	44	BOT	中国 90%原油 80%天然气	2009.12— 2015.1 2010.6— 2013.7	建成	成功
达克鞳燃气蒸汽循环电厂	仰光省	—	未知	1.29	BOT	特许经营 30年	2016.8— 2018.3	建成	成功
皎漂经济区深水港	若开 马圭 曼德勒 掸邦	—	缅方不少于15%	未知	PPP	设计—建造—融资—运营—移交（DBFOT）	特许经营50年后可再申请延长25年	筹备	筹建
皎漂经济区工业园	若开邦	—	中信联合体51% 缅方49%	未知	PPP	设计—融资—建设—市场推介—租赁/销售—运营管理	特许经营50年后可再申请延长25年	筹备	筹建
皎漂昆明铁路	若开邦	KIA、 TNLA、 SSA-N SSA-S	中方筹措大部分资金	200	BOT	中方拥有 50年运营权	计划2015年年前建成	搁置	暂停
土瓦经济特区炼油厂	德林达依省	—	中方70% 缅方30%	30	BOT	未知	2016年批准， 2019年投产	在建	未知

74

密松水电站位于缅甸北部的克钦山区，由中国电力投资集团公司与缅甸第一电力部及缅甸亚洲世界公司共同投资开发，总投资36亿美元，2009年12月开工建设，工期8年。然而，2011年9月30日，缅甸总统吴登盛以顺应"民意"为由，突然单方面宣布在其任期内搁置密松水电站项目，至今未恢复，致使中国企业损失惨重。

莱比塘铜矿位于缅甸实皆省蒙育瓦市，由中国万宝矿业有限公司和缅甸联邦经济控股公司共同开发，总投资10.65亿美元，2012年3月开工建设。2012年11月，莱比塘铜矿发生大规模民众抗议事件，项目被迫暂停。缅甸各方利益集团博弈后，2013年7月，合作协议重新修改，合作方由两方改为三方，缅甸政府介入，中国企业股份由原来的49%改为30%，且2%纯利作为环保基金，缅甸政府占51%，缅甸企业19%。基于此，项目得以复工。

密松水电站和莱比塘铜矿事件暴露了中国企业对缅甸投资的巨大政治风险，是中国企业对缅甸投资的转折点，中缅经贸开始呈现下滑态势。事后总结，中国企业对缅投资经济政治化的原因主要有以下三方面：

1. 中国企业被认定为缅甸军政府的"代理商"

中国企业投资项目绝大多数是军政府时期的经贸合作项目，这使中国项目一"出生"就被贴上了军政府的标签，即使项目的运作是从民选政府开始的也不例外。自2011年起，在民主浪潮推动下，受负面甚至是敌意舆论引导的缅甸民众把对军政府的不满情绪转嫁到中国投资上，尚需不断完善的中国企业及其投资项目必然招攻击。

2. 中国企业投资项目卷入缅甸民族矛盾

中国的大型资源能源型投资项目多集中在少数民族武装地区，不可避免地陷入缅甸中央政府与少数民族武装政权的争斗旋涡中，例如位于缅甸北部克钦独立军控制区的密松水电站项目是缅甸政府和军方与克钦政权斗争的牺牲品，这是学者研究普遍认定的事实。2008年缅甸颁布新宪法，规定缅甸中央政府拥有其境内所有自然资源的支配权，地方政府无支配和获利的权力。宪法的规定保障了中央政府的权益，激化了中央与地方的矛盾。缅甸民族矛盾一直未能从实质上解决，就在于政策上"差别对待"引发的利益分配不均衡问题。在密松水电站项目上，缅甸中央政府可以获得巨额收益，而项目所在地的克钦少数民族武装几乎没有任何利益。中国项目处于缅甸民族矛盾博弈的尴尬地界，稍有不慎，便会引爆矛盾，成为缅甸国内斗争的牺牲品。

3. 中国企业投资成为缅甸政治转型的牺牲品

在政治转型期，政治主导经济发展，市场化经济荡然无存。当国外投资项目引发国内政治和社会问题时，执政水平有待提高的缅甸新政府没有能力运用经济手段进行调节，而将自身的政治风险转嫁给国外投资企业，以保全自身的政治地位和政治稳定，密松水电站项目就是很好的例子。密松项目的搁置是西方政治势力、大国经济利益团体、缅甸内政斗争、缅甸民族矛盾等各方利益集团的博弈结果，是缅甸政府采取的"牺牲他人，保全自我"的应急措施，这在众多学者的论述中都有表现。

（二）投资主体与合作对象国家主体化

由于经济发展体制和发展阶段的原因，中国对缅甸投资主体是国有企业。截至2014年，中国对外直接投资存量为5434亿美元，其中国有企业占55.2%，私营企业只占2.2%[①]。以上数据表明，中国"走出去"的主体是国有企业。除了投资规模大、风险高以外，以国企为主体的投资项目以身俱来就带有一个特征，即投资领域属于"国家需要"型，承担的是国家任务。例如，莱比塘铜矿的年设计产能为10万吨阴极铜，生产的粗铜运回中国，属于国家需要的"资源"项目；密松水

---

① 陈湘球：《海外企业在缅开发的创新思考》，《北京石油管理干部学院学报》2016年第1期。

电站项目，发电总装机容量 600 万千瓦，在满足缅甸国内电力需求后的剩余电力将输送到中国，属于国家需要的"能源"项目。

从合作对象来看，因为投资主体是国有企业，合作对象自然也是缅甸政府、军方，或者有其背景的企业。例如，莱比塘铜矿的缅甸合作方是具有军方背景的缅甸经济控股公司；密松水电站的缅甸合作方是缅甸电力部和有军政府背景的缅甸亚洲世界公司。

(三) 投资领域单一化

截至 2015 年 6 月，缅甸石油、天然气、电力、矿业行业投资占缅甸吸收外商直接投资的 74.2%[①]。外国对缅甸的投资集中在石油、天然气、水力发电、矿产以及其他有吸引力的产业，以法国、韩国、泰国为代表，中国最为突出[②]。中国企业对缅甸投资以国有企业为投资主体，进而使投资领域与国家需要直接相关，大部分集中于能源和资源领域，形成了资源开采和能源开发的投资结构。

四 中国企业对缅甸投资的时空演变格局

(一) 中国企业对缅甸投资的时间演变

中国企业对缅甸投资有明显的"经济政治化"特征，因此，中国企业对缅甸投资的时间演变，根据缅甸国内政治进程的变化分为四个阶段。

第一阶段：1950—1988 年，中缅经贸合作以援助缅甸为主，边境民间贸易频繁。

1950 年 6 月 8 日，中国和缅甸正式建立外交关系。

1950—1962 年，中缅两国经济关系发展缓慢，新中国对缅甸开展

---

① 中华人民共和国商务部：《中国在缅甸投资总额在所有国家中列首位》2017 年 7 月 5 日，http://mm.mofcom.gov.cn/article/jmxw/201707/20170702604782.shtml. 2018 年 4 月 11 日。

② Balbir B. Bhasin: *Doing Business in the ASEAN Countries*, U.S.A.: Business Expert Press, 2013, p.451.

了少量援助项目。

1971—1988年,中缅两国经济合作逐步恢复正常,相互给予最惠国待遇。1979年,中国向缅甸提供无息贷款6300万美元,援助了8项工程;1986年,中国继续向缅甸提供3.17亿人民币无息贷款[1]。民间边境贸易往来频繁,1962—1988年,中国对缅年均出口额为2231万美元,进口额为2504万美元[2]。

第二阶段:1988—2010年,中国对缅甸投资快速增长,逐步实现"一家独大"。

1988年军政府执政,长期的军人管制与国际封锁使缅甸国内经济发展严重滞后,此时,中国成为缅甸对外经济合作最主要的伙伴。据统计,1988年至2010年7月,中国对缅甸的投资项目有32个,投资额达64.15亿美元,占缅甸外资总额的20.1%;2008—2010年,中国对缅甸投资迅猛增速,密松电站、中缅油气管道等大型投资项目集中启动,中国成为缅甸最大投资国[3]。

第三阶段:2011—2015年,缅甸"大国平衡"外交策略致使中国投资锐减。

2011年缅甸加速推进民主改革,投资环境大有改善,为外资进入创造了相比以前较好的条件;同时,缅甸主动进入国际市场,实行"大国平衡"外交策略,各国开始"抢滩"缅甸。这个特殊的转型时期,作为缅甸最大投资国的中国成了众矢之的,几个重大投资项目成为缅甸国内外博弈的牺牲品,遭遇重创,投资方向不明确,投资额锐减。

---

[1] 王嘉玲:《基于企业社会责任视角的中资企业投资缅甸的问题及对策研究》,硕士学位论文,广西大学,2017年。
[2] 数据来源:根据1991—2003年《中国对外经济贸易年鉴》和2004—2010年《中国商务年鉴》相关数据计算而成。
[3] 宋涛:《中国对缅甸直接投资的发展特征及趋势研究》,《世界地理研究》2016年第4期。

从累计数据来看，这一阶段，中国对缅甸投资仍然保持第一名，但从单年成绩来看，出现了"跳水式"下降：2011年为82.7亿美元，同比下降69.11%；2012年为4.07亿美元，同比下降92.71%；2013年，1.633亿美元；2014年，11.370亿美元；2015年，9.026亿美元，不及新加坡对缅投资的1/3，不及2010年中国对缅甸投资的十分之一①。

在这一阶段，缅甸的政治经济改革使中国企业对缅甸投资的区域环境产生了根本性变化，特别是密松水电站被搁置后，中国企业对缅甸投资呈跳水式下降，达到"冰点"，中国企业对缅甸投资进入"尴尬期"和"冰冻期"；与此同时，各国资本相继进入缅甸，外部竞争压力直逼中国企业。

第四阶段：2016年至今，民盟新政府对"一带一路"倡议态度积极，投资回暖。

2015年缅甸大选后，民盟领导的新政府上台执政，缅甸内政外交面临调整，被停滞的中国企业大型投资项目虽未恢复，但经历了波折后的中缅经贸合作稳定向好的大趋势没有发生变化，中国依然支持缅甸为国内民主进程和民族和解所做的努力，缅甸各界对中国和中国企业的态度开始回暖。

2016—2017财年，中国大陆对缅甸投了资31个项目，投资额4.62亿美元，位于新加坡和泰国之后，但就投资总额来看，中国依旧以185.4亿美元和26.65%的比重高居第一位②。中缅合作的大型项目陆续推进，中国企业对缅甸投资"回暖"。例如2016年2月，缅甸

---

① Directorate of Investment and Company Administration of Myanmar, "Yearly Approved Amount of Foreign Investment", Jan. 31 2018, https：//www.dica.gov.mm/en/news/foreign–direct–investment–actual–inflow. May 5 2018.

② 云南省对外投资合作网：《2016—2017财年各国在缅投资数据汇总》，2017年3月23日，http：//www.ynoiec.gov.cn/htmlswt/nobody/2017/0323/news_5_306026.html.，2018年2月13日。

电力部证实,中国企业又新获 18 个水力发电站项目和 5 个风力发电站项目;由中国企业实施的孟定中缅边境经济区和清水河边境检查站、云南临沧边境经济合作区、昆明—清水河—皎漂铁路、中缅边境滚弄大桥等互联互通项目也正在筹划或加速建设中。

总体而言,从以上时间演变格局发现,中国企业对缅甸投资这一经济行为和经济结果是随着缅甸的政权更迭和政治进程的推进而不断变化的。从军政府政权之前的援助型经贸合作,到军政府时期"一家独大"的投资,从民选政府时期"大国平衡"下的"冰点"投资,到民盟政府时期的"回暖"和"稳定发展",中国企业对缅甸投资在近代缅甸四次政权更迭的背景下,同样经历了四个阶段,即援助发展期、井喷增长期、跳水下降期和回暖稳定期。每一个时期的投资成败经验,都给予中国企业对外投资最好的启示。总结经验,展望未来,中国企业对缅甸投资,机遇和挑战并存。目前阶段,缅甸多元化外商投资格局已经形成,国际资本来源的多元化和多样性对中国投资形成巨大的市场冲击,这是无法避免的,也是中国企业必须全力应对的。但从另外的角度来看,市场竞争更有利于中国企业自我反思、迎接挑战、奋勇前进,最终成为实力强劲的经济体。

(二)中国企业对缅甸投资的空间演变

中国企业对缅甸投资的空间动态研究需以投资的区位选择为基础,而区位选择与投资的领域行业密切相关。总体而言,中国企业对缅甸投资经历了"从上到下、由北向南"的空间演变过程(见图 3-2)。

1. 缅甸资源能源分布情况

水利资源丰富。缅甸的主要河流是伊洛瓦底江、萨尔温江、钦敦江和湄公河。伊洛瓦底江为缅甸第一大河流,从北向南贯穿缅甸,流经克钦邦、曼德勒、仰光等六个省份。缅甸水力发电潜能大,缅甸政府在招商引资初期就已将水利发展列为吸引外商投资的优先领域。

矿产资源丰富。铜矿主要分布在曼德勒以西地区；铅锌银矿主要在掸邦东部高原的铅—锌—银矿带中；镍矿主要在曼德勒以北地区；铁矿主要在克钦邦地区；金矿主要在中北部实皆地区；玉石矿在北部克钦邦地区；宝石矿在中部的抹谷地区和东部的勐秀地区。

石油天然气资源丰富。主要分布在若开山脉与掸邦高原之间的缅甸中部沉积盆地和沿海大陆架，以及伊洛瓦底江沿线河谷地带。

2. 中国企业投资缅甸的领域变化与空间演变

从地域空间来看，缅甸公认地被分为两大区域，即上缅甸和下缅甸。上缅甸指该国中部和北部地区，是缅甸能源资源集中区，包括马圭、曼德勒、实皆等省和钦、克耶、掸、克钦等邦。相对上缅甸而言，下缅甸指缅甸南部靠近孟加拉湾和安达曼海的仰光、勃固、伊洛瓦底、德林达依等省和克伦、克耶、若开、孟等邦。下缅甸最大的优势是沿海，有丰富的石油和天然气。

1989年至1998年，中国企业对缅甸的投资领域主要是替代种植的农产品、木材和玉石。这一时期，中国企业投资规模小，主要集中在森林资源较为丰富且有距离优势的缅甸北部和东部地区，即上缅甸。

1994年，缅甸政府颁布矿业法，允许外国对宝石、金属、工业矿产原料和石料进行勘探和生产；同年10月，金矿和铜矿向外资开放。中国企业投资开始进入缅甸的矿产资源领域。这一时期，中国企业项目主要集中在矿产资源丰富的曼德勒以北地区，主要包括西北部实皆、北部克钦、东部掸邦地区，即上缅甸。

1999年至今，除了保持原有的矿产、水利等资源能源项目外，中国国有资本开始大规模进入缅甸的石油、天然气领域。投资领域的转变带来的是中国企业投资空间的演变。本书从时间顺序上对大型投资项目进行排列对比说明中国企业投资在这一时期的空间演变情况（见表3-2）：2005年钦邦的莫苇塘铜矿（北部），2006年掸邦的瑞丽江一级水电站（东北部），2007年克钦邦的太平江一级水电站（北部），2008年曼德勒省的达贡山镍矿（中部），2009年克钦邦的密松水电站和其培水电站（北部），2010年实皆省的莱比塘铜矿（中北部），2010年贯穿掸邦、曼德勒省、马圭省、若开邦的中缅油气管道（由北向南），2016年仰光省的达克鞳燃气蒸汽联合循环电厂（南部），2016年德林达依省的土瓦经济特区炼油厂（南部），筹备中的皎漂经济区深水港和工业园项目（西部）。由以上项目的区域演变发现，中国企业投资随着投资领域的变化而演变，从大范围来说，逐渐从"上缅甸"发展到"下缅甸"，具体来说，这一时期，中国企业投资项目从以往的北部地区，逐步扩散到中部伊洛瓦底江沿线河谷区域、西部若开地区和南部沿海区域。

表3-2 中国企业近10年来对缅甸投资的主要项目情况（按照时间顺序排列）①

序号	项目名称（包含计划建）	项目位置	实施周期	项目状态
1	莫苇塘铜矿	钦邦	2005.8—2012	建成
2	瑞丽江一级水电站	掸邦	2006.12—2009.4	建成
3	太平江一级水电站	克钦邦	2007.12—2010.12	建成
4	达贡山镍矿	曼德勒省	2008.7—2012.10	建成
5	密松水电站	克钦邦	2009.12—2011.9	2011年，停建
6	中缅油气管道	若开邦、马圭省、曼德勒省、掸邦	2009.12—2015.1 2010.6—2013.7	建成
7	滚弄水电站	掸邦	2010.2—今	在建
8	哈吉水电站	克钦邦	2010.4—今	在建
9	其培水电站	克钦邦	2010.6—2012.4	停建
10	莱比塘铜矿	实皆省	2010.6—2012.11 2013.10—2016.3	建成

① 根据公开资料整理。

续表

序号	项目名称（包含计划建）	项目位置	实施周期	项目状态
11	皎漂—昆明铁路	若开邦、马圭省、曼德勒省、掸邦	计划2015年前建成	2014年，搁置
12	达克耩燃气蒸汽联合循环电厂	仰光省	2016.8—2018.3	建成
13	皎漂经济区深水港	若开邦	特许经营期50年，期满后可再申请延长25年	筹备
14	皎漂经济区工业园	若开邦	特许经营期50年，期满后可再申请延长25年	筹备
15	土瓦经济特区炼油厂	德林达依省	2016年批准 2019年投产	在建

总体来说，随着中国企业对缅甸投资领域的转向，投资的空间分布也逐步由北向南辐射，由"上缅甸"向"下缅甸"延伸（见图3-2）。前期以能源开发和资源开采为主的项目多位于资源丰富的上缅甸，而近年来，随着投资领域的逐步转变，中国投资项目的空间分布也开始向南延伸，逐步遍及整个缅甸（见图3-1）。空间上的逐步转移或者延伸是投资领域多元化的直接结果。空间演变在一定程度上降低了中国投资项目的政治风险。中国企业投资项目较多的上缅甸因缅甸民族矛盾等问题而动荡不安，相比之下，下缅甸的资源虽然不及上缅甸丰富，但其能源优势以及经济发展和社会稳定情况更适于投资。同时，缅甸的地理位置对于中国西出印度洋有很大影响，西出通道是贯穿缅甸全境的，因此，局限于上缅甸的投资项目不利于中国企业在缅甸的可持续发展，不利于缅甸社会的整体发展，更不利于中国和缅甸共同打开西出印度洋的通道，加入全球产业链。

中国企业对缅甸投资的时空演变情况如图3-1和3-2所示①

---

① 图3-1和3-2，中缅经贸合作的第一阶段（1950—1988年）没有进行标注，因为这一阶段，中缅经贸合作以援助缅甸为主，边境民间贸易频繁，基本没有投资项目。

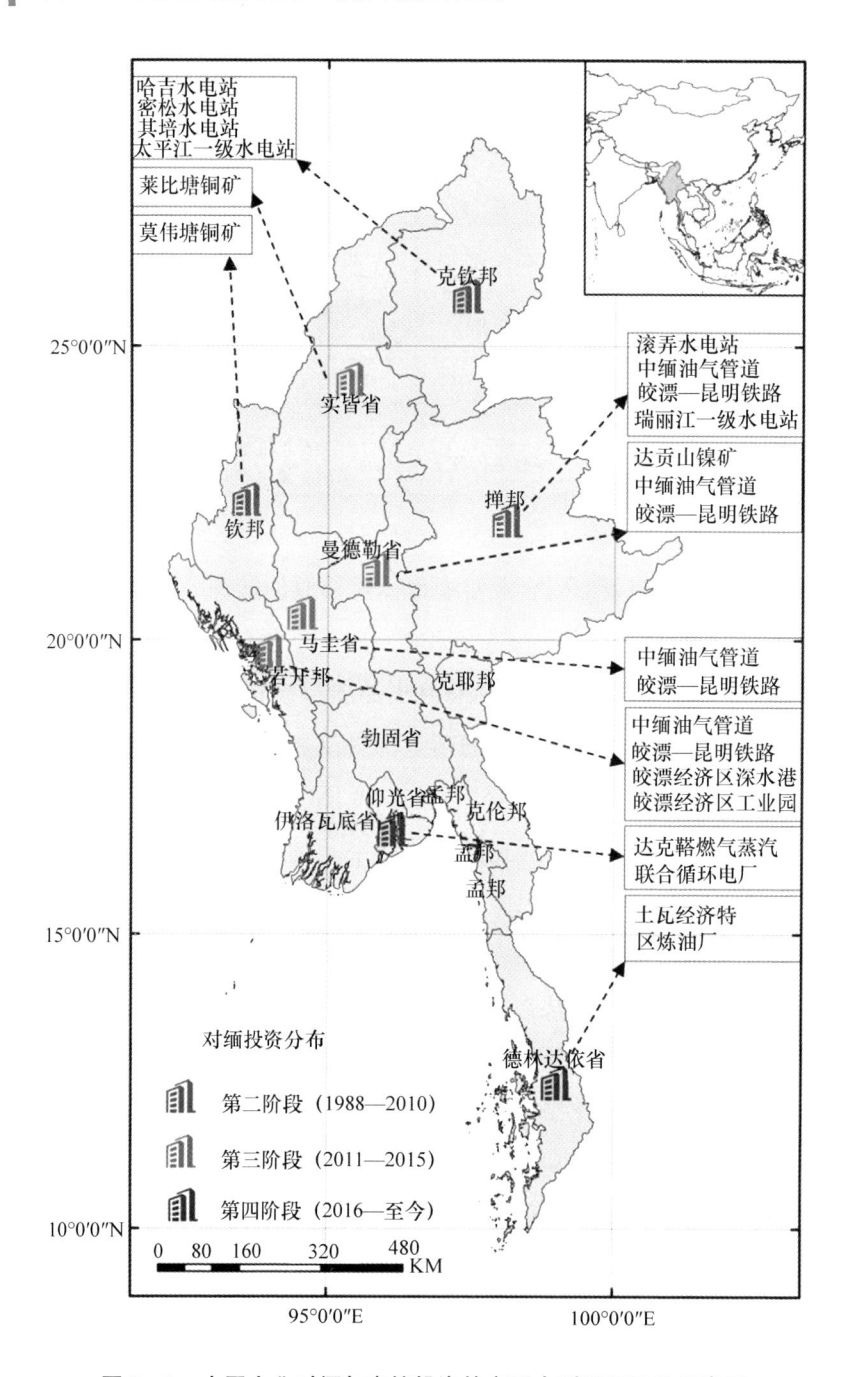

图 3-1 中国企业对缅甸直接投资的主要大型项目区位示意图

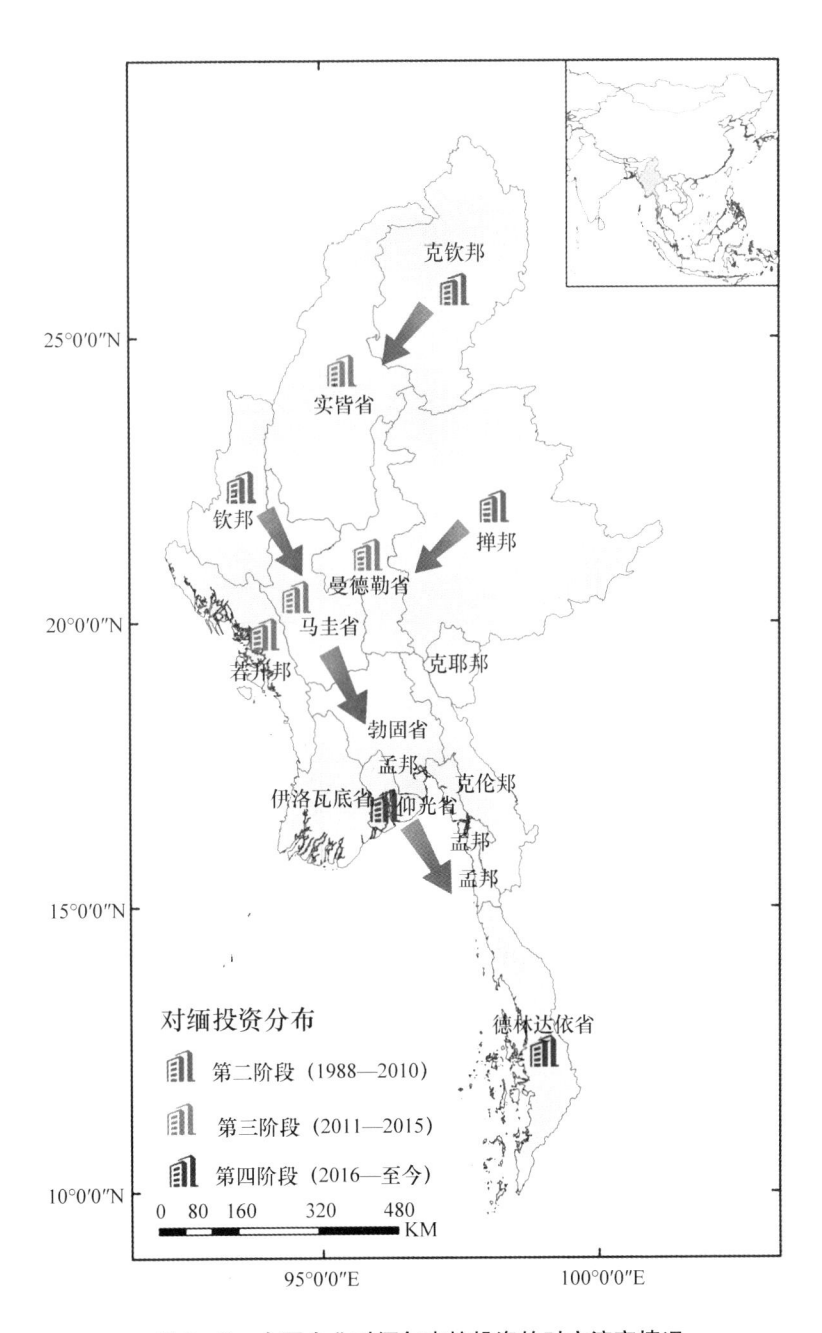

图 3-2 中国企业对缅甸直接投资的时空演变情况

第二节 中国企业对缅甸直接投资的软环境总体评价

本节的思路是根据第二章构建的缅甸投资软环境评价指标体系，采用问卷调查的方式收集数据，对缅甸整体以及缅甸各个区域的投资软环境状况进行全面、科学的评价，解释和反映各个区域投资软环境实际水平高低和区域差异程度大小。

为实现评价结果的客观性和可行性，评价体系设立了调查项目，并制作问卷，在不同区域的不同人群中收集资料。问卷调查发放和回收情况总体如下：

1. 制作并发出调查问卷 200 份，回收 186 份，问卷回收率为 93%，其中有效问卷 159 份，有效率为 85.5%。

2. 问卷发放时间：2017 年 5—7 月。

3. 问卷发放范围

中国：云南省对缅甸投资企业 50 份、云南省政府相关部门 20 份；

缅甸：中国在缅甸投资国有企业 60 份、民营企业 30 份、华人华侨 20 份、中国驻缅甸使领馆 20 份。

4. 问卷比例：中国对缅甸投资企业 140 份，占 70%；中国政府相关部门 40 份，占 20%；缅甸华人华侨 20 份，占 10%。

5. 企业问卷分区域发放情况：北部 30 份，中部 30 份，东部 30 份，西部 30 份，南部 20 份。

一 制度环境评价

（一）评价

缅甸制度环境评价如表 3-3 所示，基于指标体系中的调查项目，

第三章 中国企业对缅甸直接投资的区域软环境评价

表3-3 缅甸制度环境评价

一级指标及权重	二级指标及权重	三级指标及权重	等级指标（调查比例）		
			A	B	C
制度环境（0.331）	政治体制（0.297）	成熟性和稳定性、大国干预的影响力（0.645）	成熟、稳定，大国干预影响小（4.4%）	不断改善大国干预，影响一般（55.9%）	动荡，大国干预影响度大（39.6%）
		与经济发展的协调性（0.355）	政治体制建设与经济发展同步（26.4%）	基本同步（23.9%）	差距大（49.7%）
	经济体制（0.283）	计划与市场比重（0.173）	政府宏观调控，市场主导（4.4%）	计划与市场并重（46.5%）	政府调控为主，市场自由度不高（49%）
		对中国投资的认识（0.137）	重视非常要（73.5%）	可有可无（19.4%）	抵制（6.9%）
		政府对企业的干预（0.115）	干预程度低（13.2%）	一般（61%）	干预程度高（25.8%）
		银行体系健全性（0.078）	体制和服务完善（6.9%）	逐步改善（47.2%）	不健全（45.9%）
		资本获得便利性（0.079）	便利（6.6%）	中等（39%）	难（54.4%）
		投资行业准入难（0.117）	低（5.7%）	中（40.3%）	高（54%）
		地方保护程度（0.085）	低（25.8%）	中（35.2%）	高（39%）
		汇率制度、汇兑风险（0.073）	制度完善，基本没有汇兑风险（5.6%）	制度不断改善，存在汇兑风险（35.8%）	制度不完备，汇兑风险（58.6%）
		结算风险（0.143）	低（10.7%）	中（44%）	高（44.7%）

87

续表

一级指标及权重	二级指标及权重	三级指标及权重	等级指标（调查比例）		
			A	B	C
制度环境（0.331）	投资政策法规（0.271）	健全性（0.213）	好（5.6%）	中（31.4%）	差（63%）
		稳定性和持续性（0.198）	好（11.3%）	中（62.9%）	差（25.8%）
		成熟性和超前性（0.201）	好（1.2%）	中（22.6%）	差（76.2%）
		落地性（0.187）	好（11.9%）	中（31.4%）	差（56.7%）
		投资者产权保护力度（0.201）	高（8.2%）	中（46.5%）	低（45.3%）
	政务服务（0.149）	依法行政（0.178）	好（19.5%）	中（44%）	差（36.5%）
		办事效率（0.278）	高（10.1%）	中（35.8%）	低（54.1%）
		服务意识（0.065）	好（54.7%）	中（37.7%）	差（7.6%）
		信息公开（0.097）	程度高（33.3%）	中（44%）	低（22.7%）
		廉洁奉公（0.135）	好（13.2%）	中（31.4%）	差（55.4%）
		服务标准化程度（0.247）	高（29.6%）	中（40.9%）	差（29.5%）

通过问卷调查，得出非定义性定性评价结果，具体情况为：缅甸政治体制不稳定但不断完善中；政治体制建设与经济发展差距大；经济仍以政府调控为主，市场自由度不高；对中国投资重视并需要；政府对企业的干预程度一般；银行体系逐步改善；资本获取较难；行业准入门槛高；地方保护程度高；汇率制度不完备，汇兑风险高；结算风险高；投资政策法规不健全，稳定性和持续性一般，成熟性和超前性差，落地性差；投资者产权保护力度低；依法行政能力中等；办事效率低；服务意识强；信息公开程度中等；廉洁度低；服务标准化程度中等。

（二）评价分析

通过对问卷调查的进一步分析，表明中国企业对缅甸投资的制度环境有以下主要问题：

1. 缅甸的政治体制还不成熟，缺乏稳定性，大国干预的影响度高，自主能力较差，致使缅甸在一定程度上，对外受"牵制"，对内搞"镇压"。

2. 政治改革与经济改革的步伐有明显差距，给促进经济改革的外国投资带来许多政治制度的不确定风险。

3. 虽然经济改革已在进行，但以往军政府时期的独裁垄断经济体制还占据主要地位，市场调控的有效性尚待时日。

4. 缅甸国内各阶层对中国投资的态度是：重视并需要，但保持距离，恐惧国家经济命脉被域旁大国掌控。

5. 在外商投资的行业保护、政策法规、体系制度方面，缅甸仍处于开发阶段，机会与风险并存。

6. 在投资政策法规方面，虽然已有较大改善，但其法规的健全性、严谨性、成熟性、实用性、持续性与成熟国家相比，还有很大差距。从军政府时期的"人治大于法治"逐步转向"法治"国家，缅甸还需要很长一段时间,这使外国投资在法规政策方面面临较高风险。

7. 在政务服务方面,缅甸的办事效率急需进一步提高,贪污腐败的风气需要进一步整治,信息公开制度需要进一步完善,服务的标准化流程需进一步梳理,以此建立一个便于外国投资的政务服务环境。

二 社会环境评价

(一) 评价

缅甸社会环境评价如表3-4所示,基于指标体系中的调查项目,通过问卷调查,得出非定义性定性评价。具体情况为:男女比例基本协调,出生和死亡率基本均衡,非农人口比例小;城镇化水平低,城乡发展差距大,城乡居民收入差距大;劳动密集型就业结构明显;区域发展差异大;社会主体阶级是少数派,等级分明;劳动力成本中等,区域差异大;社会动荡,区域民众分派严重,社会治安差;群体事件常发,社会控制体系能起作用,但控制力度稍弱;硬性(代表国家力量的军队、司法等)控制力和软性(文化、宗教、道德伦理等)控制力非常差;反华排华行为严重;空间和阶层收入差异很大,贫富差距大;住房无保障;基本无规范的医疗体系,医护人数与病患需求差距大,医疗机构覆盖率低;卫生状况中等,城镇较好,乡村较差;义务教育情况中等;养老保险、失业保险、医疗保险、工伤保险中只有一两种达到城镇居民50%覆盖,乡村覆盖率更低;有社会救助机构、人员和资金,但不能完全满足社会需求;社团组织发展较好;科技水平低;识字率低,职业技术教育欠缺,高等教育人才匮乏;环境保护意识中等,逐步提升。

(二) 评价分析

通过对问卷调查的进一步分析,表明中国企业对缅甸投资的社会

表3-4 缅甸社会环境评价

一级指标及权重	二级指标及权重	三级指标及权重	A	B	C
社会环境（0.313）	社会结构（0.227）	人口结构（0.098）	男女比例不协调，出生和死亡率基本均衡，非农人口比例小（25.2%）	男女比例基本协调，出生和死亡率基本均衡，非农人口比例（37.7%）	男女比例不协调，出生和死亡率不均衡，非农人口比例小（37.1%）
		城乡结构（0.173）	城镇化水平高，城乡发展差距小，城乡居民收入差距小（5%）	城镇化水平不断提升，城乡发展差距快速缩小，城乡居民收入差距快速缩小（23%）	城镇化水平低，城乡发展差距大，城乡居民收入差距大（72%）
		就业结构（0.185）	技术密集型（1.9%）	技术与劳动均衡（15.7%）	劳动密集型（82.4%）
		区域结构（0.282）	区域发展总体均衡（6.9%）	区域发展基本均衡（25.8%）	区域发展差异大（67.3%）
		社会阶层结构（0.185）	社会主体阶级是广大群众，阶级分层不明显（6.2%）	社会主体阶级是广大群众，但等级分明（23.9%）	社会主体阶级是少数派，等级分明，差成异大（69.9%）
		劳动力成本（0.077）	低，区域差异大（28.3%）	中，区域差异大（56%）	高，区域差异大（15.7%）
	社会秩序（0.305）	社会稳定性（0.256）	安定、团结、和谐（3.1%）	存在不稳定因素，部分区域民众有分派现象，社会治安需加强（37.1%）	社会动荡，区域民众分派严重，社会治安差（59.8%）
		群体事件（0.239）	偶发，但社会控制体系健全，能控制（6.9%）	常发，社会控制体系能起作用，但控制力度稍弱（50.9%）	频发，社会控制体系基本缺失（42.2%）
		社会控制能力（0.213）	硬性（代表国家力量的军队、司法等）控制体系健全；软性（文化、宗教、道德伦理等）控制有效（14.5%）	硬性控制和软性控制能力一般（35.8%）	硬性控制和软性控制力非常差（49.7%）
		反华排华（0.292）	偶发（13.2%）	中等（41.5%）	严重（45.3%）

续表

一级指标及权重	二级指标及权重	三级指标及权重	等级指标（调查项目） A	等级指标（调查项目） B	等级指标（调查项目） C
社会环境（0.313）	社会保障（0.158）	收入（0.185）	空间和阶层收入差异在合理范围内；贫富差距不大（1.8%）	空间和阶层收入差异略大；存在贫富差距（44.7%）	空间和阶层收入差异很大；贫富差距大（53.5%）
		住房（0.196）	有保障（4.4%）	城镇有保障，农村无保障（44%）	无保障（51.6%）
		医疗（0.172）	医疗体系健全，医护人数达标，设备先进；医疗机构覆盖率高（13.2%）	医疗体系不完善，医护人数基本满足病患需求，基本规范的医疗体系，医护人数与病患需求差距大；医疗机构覆盖率低（71.7%）
		卫生（0.091）	优（32%）	中（44.7%）	差（23.3%）
		义务教育（0.193）	高（27%）	中等（71%）	无义务教育（2%）
		保险（0.163）	养老保险、失业保险、工伤保险城镇居民达50%覆盖，乡村覆盖率高（4.4%）	养老保险、失业保险、工伤保险城镇居民50%覆盖，乡村覆盖率低（33.3%）	养老保险、失业保险、工伤保险中只有一两种达到城镇居民50%覆盖，乡村覆盖率更低（62.3%）
	社会服务体系健全程度（0.310）	社会救助（0.215）	有专门的救助机构、人员和资金，能有效实施救助（32%）	有救助机构、人员和资金但不能完全满足社会需求（48.4%）	没有救助机构、人员和资金（19.6%）
		社团、民间组织等发展水平（0.197）	高（50.3%）	中（40.8%）	低（8.9%）
		科技水平（0.223）	高（3.8%）	中（15.7%）	低（80.5%）
		受教育程度（0.209）	识字率高，职业技术教育先进，受高等教育人口比重大（6.9%）	中（47.1%）	识字率低，职业技术教育人才缺，高等教育（46%）
		环境保护意识（0.156）	强（28.3%）	中（44.7%）	弱（27%）

环境有以下主要问题：

1. 缅甸的城镇化水平低，城乡发展差距大，城乡居民收入差距大，这样严重的社会发展不平衡性是不利于中国企业投资的因素之一。

2. 区域发展不平衡，中部、南部地区发展较好，东部、西部、北部发展较差，尤其北部，仍处于封闭落后状态。

3. 等级分明，大缅族主义盛行，导致民族矛盾四起，是国内斗争的主要因素之一。

4. 缅甸经济属于劳动密集型产业结构；目前劳动力成本逐步提升，劳动者的需求在一些重大投资事故中被作为导火索，迅速引爆和蔓延，存在一些不合理或者有预谋的诉求，从而导致群体事件爆发。

5. 缅甸政府管辖区内，尤其是缅甸中部，社会秩序较好，但在边境地区，尤其是民地武区域，社会治安较差，除了战乱、抢劫、杀人、盗窃、强奸等事件屡屡出现。

6. 缅甸政府对于群体事件的社会控制能力不弱，但方式较差。军政府时期，单纯暴力打压控制；民选政府时期，一味劝和，"前怕狼后怕虎"，经常导致群体事件级别上升。

7. 贫富差距大、社会保障体系不健全，但社会救助体系发展较好，其中也不乏打着救助幌子，实而破坏中缅友好的组织行为。

8. 识字率高，但职业技术教育和高等教育人才欠缺，导致缅甸社会的"低文化"属性，同时增加了中国企业在人力资源方面的成本。

三 文化环境评价

（一）评价

缅甸文化环境评价如表3-5所示，基于指标体系中的调查项目，通过问卷调查，得出非定义性定性评价。具体情况为：独立自主意识差;创新开放意识差;竞争合作意识中等;法制观念一般;诚信度高;对外来人员和文化的接纳程度弱;市民学习风气一般;部分地区尚未实现语言和文字统一;宗教对政治的影响强;宗教歧视情况严重。

表 3-5　　　　　　　　　　缅甸文化环境评价

一级指标及权重	二级指标及权重	三级指标及权重	等级指标		
			A	B	C
文化环境（0.227）	国民心态（0.375）	独立自主（0.137）	强（21%）	一般（41%）	弱（52%）
		创新、开放（0.235）	强（1.8%）	一般（42.1%）	弱（56.1%）
		竞争、合作（0.239）	强（22%）	一般（44%）	弱（34%）
		法制观念（0.313）	强（34%）	一般（35.2%）	弱（30.8%）
		诚信意识（0.076）	强（59.7%）	一般（33.3%）	弱（7%）
	文化包容性（0.263）	对外来人员和文化的接纳程度（0.657）	强（7.5%）	一般（44%）	弱（48.5%）
		市民的学习风气（0.132）	强（20.8%）	一般（52.2%）	弱（27%）
		语言文字（0.211）	有统一通用的语言文字（57.2%）	部分地区尚未实现语言文字统一（40.9%）	无统一通用语言文字（1.9%）
	宗教信仰（0.362）	宗教对政治的影响（0.545）	弱（24.5%）	一般（37.2%）	强（38.3%）
		宗教歧视情况（0.455）	轻（3.7%）	中等（35.2%）	严重（61.1%）

（二）评价分析

通过对问卷调查的进一步分析,表明中国企业对缅甸投资的文化环境有以下主要问题:

1. 由于长期闭关锁国,缅甸多数群众形成了保守的心态,创新开放意识较弱,接纳、包容、竞争意识淡薄,学习意识尚待提高。因此，想要实现与缅甸百姓的友好交流，中国企业还需寻找妥当方式，引导其共同进步。

2. 缅甸宗教对政治、文化和生活的影响力较强，宗教歧视情况比较严重。宗教冲突目前已经成为了影响缅甸政局和社会安定的重要因素，也成为中国企业投资的风险之一。

四 舆论环境评价

（一）评价

缅甸舆论环境评价如表3-6所示，基于指标体系中的调查项目，通过问卷调查，得出非定义性定性评价。具体情况为：政府对言论的管制程度中等，不紧不松；国家舆论的发展逐步多元化，对民意和政府决策有全面深入的影响；国家对新闻媒体宣传的政策法规趋于完善，但相关政策法规某些概念模糊，在一定程度上会受到政局影响；政策法规的执行中带有一定人为主观性；政策法规的知晓度仅限于重点区域和重点人群；政府招商引资的宣传力度较弱；政府通过舆论解决危机的能力弱；政府对舆论的控制力弱；民地武对区域内舆论的控制力强，区域内舆论宣传的群众认可度高；非政府组织的政治性程度高，舆论导向与所属国家利益密切相关；非政府组织的舆论宣传受到部分区域的群众认可；国有媒体的活跃程度一般，是群众了解世界的其中一种渠道，群众认可度一般；私营媒体是主流媒体，非常活跃，成为群众了解世界的重要渠道，群众认可度高。

（二）评价分析

通过对问卷调查的进一步分析，表明中国企业对缅甸投资的舆论环境有以下主要问题：

1. 目前，缅甸国内从军政府"一言专断"进入百姓"言论自由"的阶段，但政府对"言论自由"的管控在一定程度上处于失效状态，

表3-6 缅甸舆论环境评价

一级指标及权重	二级指标及权重	三级指标及权重	等级指标 A	等级指标 B	等级指标 C
舆论环境（0.129）	国家舆论开放程度（0.247）	政府管制程度（0.431）	言论自由，有张有弛有度（22%）	中等（42.1%）	紧（35.9%）
		发展趋势（0.218）	多元化（27.7%）	逐步多元化（47.1%）	单一化（25.2%）
		对民意和政府决策的影响力（0.351）	全面影响（59.8%）	有一定影响（25.8%）	基本没有影响（14.4%）
	国家对新闻媒体宣传的政策法规（0.116）	政策法规的完善性（0.314）	完善（18.2%）	趋于完善（48.4%）	缺失严重（33.4%）
		政策法规严谨性和稳定性（0.239）	严谨、无漏洞、不会随政局变动而改变（19.5%）	某些概念模糊，在一定程度上会受到政局影响（55.3%）	不严谨，漏洞大；受政局影响而改变的随意性大（25.2%）
		政策法规的执行力（0.253）	有法必依（28.3%）	执行中带有人为主观性（45.9%）	有法不依（25.8%）
		政策法规的被认识度（0.194）	宣传效果好，人人皆知（23.9%）	知晓度仅限于重点区域和重点人群（41.5%）	无宣传，知晓者寥寥无几（34.6%）
	政府对外宣传能力（0.197）	招商引资宣传力度（0.319）	强，人人皆知（19.5%）	一般，重点区域和重点人群知晓（38.3%）	弱，基本无人知晓（42.2%）
		通过舆论解决危机的能力（0.336）	强，能有效应用媒体的扩散力量（25.8%）	一般（39.6%）	弱（34.6%）
		对舆论控制力（0.345）	强（13.2%）	一般（37.7%）	弱（49.1%）
	民地武的对外宣传能力（0.088）	对区域内舆论的控制力（0.732）	强（50.3%）	一般（28.3%）	弱（21.4%）
		区域内舆论宣传的群众认可度（0.268）	强，大多数群众顺服（64.8%）	一般，约一半群众顺服（27.7%）	弱，少数人认可（7.5%）

续表

一级指标及权重	二级指标及权重	三级指标及权重	等级指标 A	等级指标 B	等级指标 C
舆论环境（0.129）	非政府组织介入的舆论性（0.162）	组织属性与舆论导向的密切性（0.654）	政治性程度高，舆论导向所属国家利益密切相关（40.9%）	有政治目的，但不明显（38.5%）	舆论导向很纯粹，基于非政府组织的原则（20.6%）
		舆论宣传的群众认可度（0.346）	有非常深厚的群众基础（35.6%）	受到部分区域群众认可（44%）	基本没有群众基础（20.4%）
	国有媒体的宣传能力（0.095）	活跃程度（0.519）	主流媒体，非常活跃，是群众了解世界正规可信渠道（19.5%）	活跃程度一般，是群众了解世界的一种渠道（43.4%）	活跃程度很低（37.1%）
		群众认可度（0.481）	非常认可（28.3%）	一般认可（40.9%）	认可度很低，认为只是政府的宣传工具（30.8%）
	私营媒体的宣传能力（0.095）	活跃程度（0.519）	主流媒体，非常活跃，成为群众了解世界的重要渠道（53.4%）	活跃程度一般，可以是群众了解世界的其中一种渠道（34%）	活跃程度很低（12.6%）
		群众认可度（0.481）	非常认可（57.2%）	一般认可（35.2%）	不认可（7.6%）

造成了某种程度上的"舆论混乱",进而引发群体事件。

2. 舆论的社会影响力超强,超越了缅甸政府的控制范围,对政府的决策有很强的导向作用,甚至导致"舆论绑架"式的政府决策行为。相比缅甸政府,民地武地区的舆论环境比较封闭,民地武对区域内舆论的控制力较强。

3. 缅甸新闻媒体宣传的规范性和严谨性有待进一步完善,以保障宣传对象的合法权益。

4. 非政府组织在舆论阵地中有重要地位,其舆论宣传的群众认可度相对较高,特别在某一特定区域和领域,如以环境保护为工作主题的非政府组织的舆论导向,对百姓的影响力非常强。

5. 随着缅甸舆论开放,新闻出版自由,私营媒体的覆盖面越来越广,虽其报道的真实性并没有受到监管,但其影响力不容小觑,从一定程度上可以认可为主流媒体。相比私营媒体,国有媒体欠缺积极性,其国有属性虽然能够保证新闻报道内容的真实性,但也会被百姓认为是政府自我宣传的工具,群众认可度不如私营媒体高。

五 缅甸投资软环境总体评价

(一)基于评价体系的客观评价结果

基于以上中国企业对缅甸投资的区域软环境在制度、社会、文化和舆论四大准则层的评价,根据问卷调查的数据回收后,对数据进行分析、计算,最终以标准化后等级评价方法进行综合评定(见表3-7),标准化方法如下:

以每30分间隔一个等级,等级指标(调查项目)A、B、C对应的分值分别为90分、60分、30分。计算步骤依次如下:

1. 三级指标分数 = 〔(A份数×90 + B份数×60 + C份数×30)/问卷总份数〕×三级指标权重

2. 二级指标分数 = 三级指标总分数 × 二级指标权重

3. 一级指标分数 = 二级指标总分数 × 一级指标权重

4. 总指标分数 = 制度环境分数 + 社会环境分数 + 文化环境分数 + 舆论环境分数

等级定义评价为 100—85 为"优秀",84—65 为"良好",64—45 为"中等",44 以下为"较差"。

表 3-7　　　　中国企业对缅甸投资的区域软环境评价

软环境	得分	评价
制度环境	53.34	较差
社会环境	75.87	良好
文化环境	81.32	良好
舆论环境	67.86	良好
总评价	69.25	中等

(二) 基于问卷调查的主观评价结果

本书的调查问卷中特意制定了两个总结性评价问题：中国企业对缅甸投资的区域软环境总体评价和变化趋势，目的是在一定程度上检验研究所构建的评价体系的真实性和有效性。

问卷调查统计情况（见图 3-3 和图 3-4）指出就中国企业对缅甸投资的软环境，49% 的受访者认为"一般",44% 的受访者认为"差"，只有 7% 认为"好"；而对于软环境的变化，53.77% 认为"改善很大",42.3% 认为"稍有改善",3.2% 认为"没有改善",0.73% 认为"有所恶化"。

(三) 评价分析

以上基于评价体系的客观评价和基于问卷调查统计的主观评价结果吻合，说明运用本书构建的评价指标体系得出的评价结果能够反映

总体评价

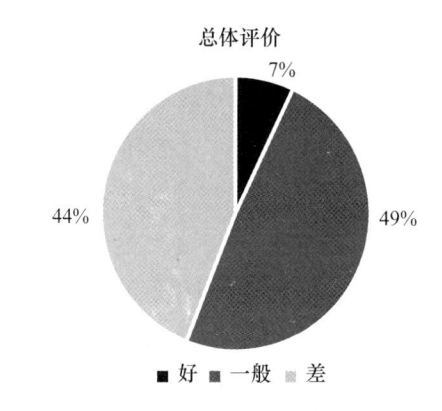

图3-3 中国企业对缅甸投资的软环境总体评价

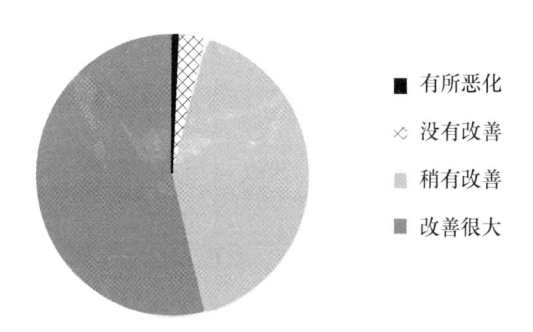

- 有所恶化
- 没有改善
- 稍有改善
- 改善很大

图3-4 中国企业对缅甸投资的软环境变化趋势评价

评价主体的真实意见和客观事实。评价结果分析如下：

1. 由于政治体制不成熟不稳定，与经济改革的步伐有明显差距，市场调控能力差，"法治"能力差，"大国平衡"外交策略扰乱经济市场的规范化，投资政策法规缺乏严谨性、实用性和持续性，贪污腐败情况严重，营商环境差等，可见缅甸的投资制度环境"较差"。

2. 缅甸城镇化水平低，城乡发展差距大，区域发展不平衡，大缅族主义盛行的等级分明社会阶层结构突出，缅甸政府对于群体事件的社会控制能力方式较差，反华排华行为日益严重，贫富差距大、社会保障体系不健全，教育程度低，这些都是缅甸社会存在的无可争辩的事实，但不可否认的是随着缅甸民主改革的推进，以上不利因素一直在改善和完善。缅甸的投资社会环境评价为"良好"。

3. 缅甸民众心态"保守"，宗教歧视情况比较严重，但宗教对政治和生活除了有负面影响外，也有积极的正面引导作用，因此，缅甸的投资文化环境评价为"良好"。

4. 缅甸的舆论影响力超强，非政府组织影响力突出，不代表国家声音的私营媒体的认可度超高等因素，对于中国企业投资而言既有消极的负面影响，也有积极的正面作用，因此，缅甸投资舆论环境被评价为"良好"。

制度、社会、文化和舆论环境的分数相加，最终计算得出中国企业对缅甸投资的软环境总分数，并按照定义评价为"中等"。也就是说，缅甸的投资软环境属于"基础较差"，"不断改进"，但"发展趋势不确定"的阶段，中国企业想要实现对缅甸投资的可持续发展，还需持续发力。

第三节　中国企业对缅甸投资软环境的区域评价

中国秉持"共商、共建、共享"的全球治理观。"一带一路"倡议就是坚持将发展的成果惠及不同国家的不同阶层和人群，让全世界共享全球治理的好处。"不同国家"和"不同阶层、人群"的潜在意思是特定区域范围内的制度、文化、民族、宗教差异大，经济发展不平衡，市场开放不在一个层次，因此，必须注重区域的差异化，换言之，缅甸投资软环境需要进行区域评价。

一　缅甸的区域划分

对于缅甸的区域，不同的研究对象和研究目的，可以有多种划分方式：可以按照缅甸资源分布进行划分，按政权结构划分，按宗教分布划分，也可按照统一、公认的行政区域划分。本书的主题是缅甸投资软环境，软环境是一种相对于物质基础而言的人文环境，是以"人"为建设主体的投资环境。因此，本书以人群分类为基础进行缅甸的区域划分。

缅甸是一个多民族的国家，缅甸的人群结构是以民族来划分的，基于此，本书以同源文化族群的民族分布为基础，将缅甸划分为五个区域，而这五个区域基本符合地理上"东、西、南、北、中"的区位划分方式。

缅甸有135个民族，来源复杂多样。根据多数学者的研究，最恰当的分类方式是按照语言语系分类。但对于语言语系的划分，也有不同的论断，主要的区别在于135个民族的归属问题。例如，按照姜永仁的研究，克耶族属于汉泰语族[1]；而贺圣达等的研究表明，克耶属于藏缅语族[2]。本书认同鸣乃等的《缅甸的民族及其分布》[3]，苏联学者布鲁克的《世界人口：民族与人口手册》[4]，以及贺圣达和李晨阳《缅甸民族的种类和各民族现有人口》[5]中的研究结论：缅甸民族可分别归入三大语系、五大语族，即汉藏语系的藏缅语族、壮侗（或者侗泰）语族和苗瑶语族，南岛语系的马来语族，南亚语系的孟高棉语族。藏缅语族的民族群，人口占缅甸总人口的90%左右，包含缅族、克钦族、钦族、若开等；侗泰语族（也称汉泰语族）人数最多的是掸

---

[1] 姜永仁：《缅甸文化结构及其特点》，《东南亚纵横》2002年第3期。
[2] 贺圣达、李晨阳：《缅甸民族的种类和各民族现有人口》，《广西民族大学学报》（哲学社会科学版）2007年第1期。
[3] ［缅］鸣乃、蔡祝生：《缅甸的民族及其分布》，《东南亚研究》1965年第2期。
[4] ［苏联］布鲁克：《世界人口：民族与人口手册》，新疆人民出版社1985年版，第139页。
[5] 贺圣达、李晨阳：《缅甸民族的种类和各民族现有人口》，《广西民族大学学报》（哲学社会科学版）2007年第1期。

族；苗瑶语族包含苗族和瑶族，属于汉藏语系中人口最少的民族；孟高棉语族包含孟族、佤族、崩龙族（德昂族）等；马来语族包含塞隆族和马来族，属于缅甸民族中人口最少的。缅甸的135个民族，人口数量差距较大，本书主要以人口数较多的民族为研究对象。语系的划分是以人群的来源为基础的，是为了更好地研究语言创造和应用的时间和空间演变，对语言主体生存和发展的区域内政治、经济、社会、文化等人文地理现象的研究有重要辅助作用，也就是说相同语系的族群在历史来源、社会文化等方面都会有相似性，为研究区域政治经济发展奠定了区域划分的基础。

基于上述分析，本书以语系划分的民族分类为基础，将缅甸分为五大区域。占缅甸人口近70%的藏缅语族中的缅族主要集中区域为伊洛瓦底江中下游，也被认为是缅甸本部，本书将这个区域称为"中部"，"中部"是以孟骠文化为基础的缅甸文化的核心区域；"东部"是指以侗泰语族中掸族和华人聚居的掸邦区域，是古代"掸"文化区域；"西部"是以藏缅语系中的若开族所在的若开邦为中心的区域；"南部"是以孟高棉语族中的孟族聚居的孟邦、藏缅语族中克伦族聚居的克伦邦和克耶族聚居的克耶邦为中心的区域；"北部"是以同属藏缅语族景颇语支的克钦族和钦族聚居的克钦邦和钦邦为中心的区域。

二 缅甸投资软环境的区域评价

（一）制度环境的区域评价

1. 计算模型[①]

$$X = \sum_{j=1}^{m} w_{1j} \cdot ZX_j (j = 1,2,3,4)$$

---

① 本节5个计算模型参考王守伦等在评价潍坊投资软环境的计算模型。王守伦等：《投资软环境建设与评价研究》，中国社会科学出版社2009年版。第165—173页。

w_{1j} 为第 j 个指标的权重，ZX_j 为第 j 个指标标准化①后的数据。

2. 缅甸五个区域制度环境得分和排名

利用有关权重和数据，根据上面的模型，计算出缅甸五个区域的制度环境得分情况及排名：

表 3-8　　　　　　　　　制度环境得分及排名情况

区域	得分	排名
东部区域	67.2	4
西部区域	72.49	3
南部区域	85.3.	2
北部区域	53.7	5
中部区域	88.79	1

（二）社会环境的区域评价

1. 计算模型

$$S = \sum_{j=1}^{m} w_{2j} \cdot ZS_j (j = 1,2,3,4)$$

w_{2j} 为第 j 个指标的权重，ZS_j 为第 j 个指标标准化后的数据。

2. 缅甸五个区域社会环境得分和排名

利用有关权重和数据，根据上面的模型，计算出缅甸五个区域的社会环境得分情况及排名：

表 3-9　　　　　　　　　社会环境得分及排名情况

区域	得分	排名
东部区域	69.3	3
西部区域	67.8	4

---

① 标准化的方法，前文已有详细介绍。

续表

区域	得分	排名
南部区域	74.1	2
北部区域	52.3	5
中部区域	81.87	1

(三) 文化环境的区域评价

1. 计算模型

$$W = \sum_{j=1}^{m} w_{3j} \cdot ZW_j (j = 1,2,3,4)$$

w_{3j} 为第 j 个指标的权重，ZW_j 为第 j 个指标标准化后的数据。

2. 缅甸五个区域文化环境得分和排名

利用有关权重和数据，根据上面的模型，计算出缅甸五个区域文化环境的得分情况及排名：

表 3 – 10　　　　　　　　文化环境得分及排名情况

区域	得分	排名
东部区域	78.4	2
西部区域	67.3	5
南部区域	77.1	3
北部区域	65.3	4
中部区域	89.3	1

(四) 舆论环境的区域评价

1. 计算模型

$$P = \sum_{j=1}^{m} w_{4j} \cdot ZP_j (j = 1,2,3,4)$$

w_{4j} 为第 j 个指标的权重，ZP_j 为第 j 个指标标准化后的数据。

2. 缅甸五个区域舆论环境得分和排名

利用有关权重和数据，根据上面的模型，计算出缅甸五个区域舆论环境的得分情况及排名：

表3-11　　　　　　　　舆论环境得分及排名情况

区域	得分	排名
东部区域	68.3	5
西部区域	68.9	4
南部区域	73.5	2
北部区域	71.2	3
中部区域	78.7	1

（五）缅甸投资软环境的区域总评价

1. 计算模型

$$T = \sum_{j=1}^{m} w_{5j} \cdot ZT_j \quad (j = 1, 2, 3, 4)$$

w_{5j} 为第 j 个指标的权重，ZT_j 为第 j 个指标标准化后的数据。

2. 缅甸五个区域投资软环境得分和排名

利用相关权重和数据，依据模型，计算出缅甸五个区域的投资软环境得分及排名：

表3-12　　　　　　缅甸投资软环境区域得分及排名情况

区域	得分	排名
东部区域	70.53	3
西部区域	69.36	4
南部区域	78.1	2
北部区域	59.1	5
中部区域	84.75	1

3. 评价分析

根据以上评价数据，研究发现在制度环境和社会环境方面，中部最好，北部最差，这与中部区域是中央政府管辖区，政治经济社会文化发展较平稳，而北部区域民族矛盾争斗激烈关系密切；在文化环境方面，中部最好，西部最差，这与两个区域的人口结构和信仰密切相关：中部是缅族聚居区，也是佛教主体区，而西部是少数民族集居区，是佛教和伊斯兰教以及其他宗教的交汇区甚至是冲突区；在舆论环境方面，中部最好，东部最差，这与两个区域的舆论控制程度密切相关：中部是中央政府控制区域，社会发展平稳，舆论开放程度虽高但还是在可控范围内；东部区域少数民族武装力量情况复杂，各武装力量控制区的舆论管控严格，但武装力量之间的区域是管控空白区，加上非政府组织介入程度较高，这个区域的舆论形式不容乐观。

总体而言，中国企业对缅甸投资软环境在区域上有很大差别，中部最好，北部最差。但投资软环境的评价结果与缅甸资源能源的分布呈反比现象，即适合投资的中部区域属于中央行政区，能源资源覆盖较低；而投资软环境较差的北部区域确是能源资源最为丰富的地区。

小　结

本书第二章通过构建区域投资软环境评价体系，为中国企业对缅甸投资软环境评价提供了技术支持。在此基础上，本章通过阐明中国企业对缅甸投资的现状，总结投资的特征，分析投资的时空演变格局，为中国企业对缅甸投资软环境评价提供现实依据。随后，在问卷调查数据分析的基础上，对缅甸投资软环境进行总体评价和区域评价。

基于指标体系计算得出的缅甸投资软环境客观评价与基于问卷调查统计的主观评价结果吻合，说明运用本书构建的评价指标体系得出的评价结果能够反映评价主体的真实意见和客观事实，能够为以投资软环境建设为视角，解决中国企业对缅甸投资频频受阻的难题提供数据支撑。更为重要的是除了总体评价外，以地域分工学说等理论为指导，本书对缅甸不同区域进行了投资软环境评价，可以为中国企业对缅甸的区域投资提供科学参考。

总体而言，中国企业对缅甸投资的区域软环境评价结果促进我们思考参与建设该区域软环境的方向，即改善制度、融入社会、融合文化、引导舆论。

第四章 中国企业对缅甸直接投资的主要问题和发展态势

第一节 缅甸民主改革后中国企业对缅甸投资面临的主要问题

一 中国企业对缅甸投资的风险

缅甸自2011年民选政府执政后,积极推进民主改革。民主改革是一种体制的更新,新旧体制交替的过程也是各利益关联博弈的过程。中国企业对缅甸投资的多个项目成了缅甸变革时期的博弈牺牲品。同时,作为实现中国"一带一路"倡议有效载体之一的中国企业对外投资,成为西方国家妄图掣肘中国规划顺利实施的"刀刃"。基于以上背景,作为"一带一路"倡议先行者的中国企业对缅甸投资自2011年起频遇困境,投资风险极高。

(一)政治风险

1. 军队的隐性国家政治主导权力是缅甸民主化改革面临停滞和反复的重要因素

缅甸自1948年独立后的短短几十年间,经历了"缅甸联邦共和国""缅甸联邦社会主义共和国""缅甸联邦"等政治体制变更。20世纪60年代后期,缅甸进入先后由吴奈温、苏貌、丹瑞、吴登盛等为首的军政府统治时期。2011年缅甸更迭为总统制的多党制国家,但仍由军人出身的吴登盛担任总统,代表军人团体执政。2016年3月,昂素季领导的全国民主联盟上台执政,成为民主变革的转折点。以2003年缅甸政府提出的"七点民主路线图"为开端的民主改革在形式上已经基本完成,三权分立的民主制度架构基本确立。

表面上看,军队的决策权被分散,但2008年宪法仍赋予军队在缅甸政治中的重要地位。《缅甸联邦共和国宪法》在阐述国家基本原则的第六条中规定,"国家将始终坚持军队能参与和担负对国家政治生活的领导"[①]。军队领导国家政治生活的体现有以下三点:第一,军队对总统选举结果有较大影响力。缅甸总统由总统选举团选举产生,总统选举团由议院的议会代表组和国防军总司令提名的军人议会代表组构成[②]。第二,危急情况下军队可接管和行驶国家权力。缅甸宪法第四十条规定,"如果发生以暴乱、使用武力等暴力方式夺取国家权力或做此种努力,导致联邦分裂、民族团结破裂和国家主权丧失的紧急状况时,国防军总司令有权根据本宪法的规定接管和行使国家权力"[③]。第三,军方能够有效否决宪法修正案。根据宪法,议会25%的席位以及一些关键职位,如内政和国防部长,都为军方保留,且由国防军总司令直接提名,席位数量与宪法修正关系密切,修正案需要获得议会75%以上席位的批准。

宪法赋予军队的权力清楚表明缅甸军队虽然已从最高统治地位走下来,但依然保持了强大的政治实力,其所具有的主导国家政治生活

[①] 李晨阳:《缅甸联邦共和国宪法(一)(2008年)》,古龙驹译,《南洋资料译丛》2009年第1期。

[②] 梁雪:《2010年缅甸大选以来中国对缅甸投资风险分析》,《外交学院》2016年第3期。

[③] 李晨阳:《缅甸联邦共和国宪法(一)(2008年)》,古龙驹译,《南洋资料译丛》2009年第1期。

的能力依然存在。换句话说，缅甸军事集团仍是决定缅甸政治走向的最重要因素，直接或间接地影响着国家政治运行的稳定性，是国家政治风险的核心。

2. 缅甸政府"倒三角"权力状态使政治改革和民主进程充满不确定性

缅甸政府的权势体系，可用"倒三角"形态来形容。从横向关系来看，以昂山素季为代表的民盟是国家执政党；而以宪法赋予的权力为依据，原军人集团依旧对国家的政治生活在特定阶段起主导作用。国家执政党和军人集团处于中央权力中心的两端，有合作，也有对抗。当军事权力与政治权力不能合二为一，依靠政治权力推进的任何改革都会因为触及军人集团的利益遭到干涉和对抗。2018年3月22日，缅甸总统吴廷觉以"身体健康原因，需要休息"为由，辞去总统职务。总统辞职的原因，众说纷纭，但本书认为，廷觉作为民盟党的代表，推行的是西方价值观和"自由化、市场化"的改革理念，其目的是通过自由市场的冲击重新规划已经被军政府定型和把控的缅甸国内经济格局。面对利益的挑衅，军人集团立即回击，在反对"开放市场"经济举措无果的情况下，对"民选"总统吴廷觉施加压力，实则给予凌驾于总统之上的昂山素季以警告。缅甸军人集团和民盟政府的较量刚刚开始，未来走向尚待观察。从纵向关系来看，与中央政权对应的是地方政权，但缅甸政权中的"中央"和"地方"基本处于"分离"状态，"中央"缺乏"统一力"，"地方"缺乏"向心力"。

由于历史原因形成的缅甸"倒三角"政治权力体系不可能在短期内寻找到平衡点。换句话说，如果没有足够强劲的政治变革，"倒三角"权力状态将会是缅甸政治体制的常态。"倒三角"中的三方，在民族自治、政治改革、经济革新等诸多方面都存在较大争议，对立、对抗无可避免，这也是缅甸政局动荡不安的主要因素。

3. 民地武问题是阻碍缅甸和平发展的重要因素

缅甸共有8大族群，135个民族。缅族占国家总人口的65%，是主体民族。缅甸主体民族与少数民族自古以来在政治、文化、经济等方面都存在着巨大的鸿沟，导致缅甸少数民族缺乏归属感，对国家的认同度也不高。政治权力"被边缘化"、经济利益"被最小化"、民族文化"被卑微化"是缅甸少数民族对抗以缅族为主体的中央政府的核心因素。因此，少数民族分离武装反抗缅族中央政府的现象在少数民族地区极为普遍，战事不断。自1948年缅甸独立以来，克伦族、克钦族、掸族、若开族和孟族等民族地方武装都先后与政府军发生过军事冲突。尽管从2011年8月以来，中央政府先后与民地武进行了9轮谈判，并与13个民族武装签订了停火协议，但实力较强的缅甸民族联合联邦委员会（UNFC）中的北部克钦独立军、果敢同盟军等四支民地武尚未进入和平进程，武装冲突依然持续。而且，从目前的情况来看，即使签订了停火协议，一旦触碰利益底线，政府军与民地武以及民地武之间的争斗依然继续。

民地武问题是缅甸社会不稳定的重要因素，虽然缅甸政府一直致力于推进和平进程，但由于中央与少数民族在民族自治问题的矛盾僵持使得民地武问题在短期内无法解决，导致社会动荡，冲突对抗一触即发。

4. 宗教冲突加剧缅甸的社会动荡

缅甸以佛教立国，境内佛教信仰者占总人口的85%以上，基督教占5%（克钦族、克伦族），穆斯林（罗兴亚人）占8%，印度教徒占0.5%。现阶段缅甸的宗教冲突主要是指占人口多数的佛教徒与被多数研究定义为外来移民的穆斯林之间的矛盾，这一矛盾，加剧了缅甸的社会动荡。

5. "敌意风险"愈演愈烈

"敌意风险"是指海外投资在区位选择、项目立项、审批、实施、直至市场退出的整个投资过程中面临的蓄意阻碍和破坏的人为风险的总称，如政治对抗风险、战争骚乱风险、文化摩擦风险、舆论诱导风险等①。

1988年至2010年，缅甸闭关锁国，西方大国对缅甸实行经济制裁，中国对缅甸的投资"一家独大"。2011年，缅甸实施"开放"政策，世界各国怀揣各种目的"抢滩"缅甸市场。此时，中国企业对缅投资迎来了前所未有的压力。作为"一带一路"规划先行者的中国企业投资在一定程度上对缅甸的金融市场有重要影响，损害了一些国际金融集团在缅甸的既得利益，遭到国际反制；同时，中国企业对缅投资项目打破了缅甸内部利益分配格局，使某些政治经济集团的既得利益损失，遭到缅甸国内反制。由此可见，为破坏中国利益而制造的"敌意风险"将会随着"一带一路"倡议的推进越来越高，其所体现的内容和方法也会越来越多。

总体来说，中国企业对缅甸投资的政治风险是极高的。缅甸军人集团的隐性统治、"倒三角"的国家政权怪态、民地武问题、宗教冲突、敌意风险五大难题组成了政治风险的核心部分。政治风险带来的是对立、对抗、战争，带来的是政策不实、法规不严、社会动荡，带来的是投资受阻、合约撕毁、项目停滞、损失惨重，甚至影响到中缅两国的"胞波情谊"。

(二) 经济风险

1. 经济发展滞后，高度贫困

社会结构复杂、教育水平低、内战争斗等因素使缅甸社会经济发展水平非常低，经济发展的路线和制度不完善，资金、技术、人才等经济发展的关键因素都极度欠缺。民主改革带来经济振兴的方向，但

---

① 保健云：《论我国"一带一路"海外投资的全球金融影响、市场约束及"敌意风险"治理》，《中国软科学》2017年第3期。

经济提升是一个很长的过程。世界银行数据统计，2016年中国人均GDP 8250美元，泰国5640美元，老挝2150美元，缅甸1270美元①。从微观层面来看，缅甸的社会经济文化发展非常滞后，以2017年统计的信息产品市场占有率来验证：缅甸只有32.9%的人拥有手机，3.5%拥有电脑，6.2%家中可使用网络；49.5%拥有电视，35.5%拥有收音机②。在信息高速发展的今天，缅甸的信息通信渠道狭窄、成本高，成为缅甸社会经济发展的阻碍，成为缅甸国家化的障碍。与中国进行对比，中国在改革开放发展23年后的2001年，人均GDP超过1000美元。换句话说，缅甸现在的经济发展水平与25年前中国的经济发展水平类似。但中国的经济发展是在一个稳定的国内环境中持续进行的，而缅甸目前的政治环境还不稳性，经济发展态势尚待观察，不确定性因素很多。

2. 产业发展不平衡，资源开发和能源开采成为经济增长驱动力

缅甸是农业大国，农业人口占全国人口的70%③。缅甸经济以建立在土地国有制基础上的小农经济为主，工业体系不健全，主要集中在木材加工、碾米、印染、纺织、采矿等初级加工制造业方面。

缅甸的能源资源非常丰富。首先，石油天然气是缅甸重要的经济资源之一。亚洲开发银行能源评估报告，缅甸共有104个油气开采区块，约有1.6亿桶石油和20.11万亿立方英尺天然气④。其次，缅甸的金、银、铜、铅、锌、锡、钨、锰等有色金属储量多、分布广，以

---

① 世界银行：《全球宏观经济数据——缅甸》，2016，http://finance.sina.com.cn/worldmac/nation_ MM.shtml，2018年4月20日。

② 中华人民共和国商务部：《缅甸最新人口普查结果为5150万人》，2015年6月2日，http://www.mofcom.gov.cn/article/i/jyjl/j/201506/20150600999249.shtml.，2017年11月23日。

③ 李惠仙（Nanphyomon Khaing）：《缅中农业的现状及合作前景研究》，硕士学位论文，云南大学，2014年。

④ 龚伟：《中缅能源合作的前景及挑战》，《商业经济》2015年第3期。

北部为主，贯穿缅甸全境；缅甸还是世界上著名的宝石和玉石产地。另外，缅甸森林资源较为丰富，拥有世界60%的柚木储量[①]。缅甸水力发电潜力大，流经伊洛瓦底江、钦敦江、萨尔温江和锡当河这四大河流的水电潜力估计超过1亿万千瓦[②]。

一方面，丰富的资源能源使缅甸在投资硬环境方面具有得天独厚的经济发展优势，为经济发展初期的缅甸提供了吸引外资的物质基础。但另一方面，外国投资进入缅甸后，缅甸经济整体处于资源能源采掘驱动的状态，致使缅甸经济发展走向极端，成为能源开发和资源开采大国，这样的经济发展属性不利于缅甸经济的可持续发展。

3. 经济改革有成效，但仍维持政治强干预状态

自2011年，缅甸政治改革推动经济变革，目标是建立市场导向的经济运行机制，推动缅甸逐步从农业国转向工业国，实现经济快速增长。尽管缅甸政府改革了军政府时代的国有垄断经济体制，引入市场竞争，但从现实情况来看，经济仍受到国家的高度控制，市场化程度低。首先，国家行业垄断严重。许多行业是国家投资、控股甚至垄断，民间资本特别是中小企业进入的门槛高、领域窄。其次，企业私有化改革形式化。2010年缅甸进行企业私有化改造，将先前掌握国家经济命脉的国有企业性质转为私有企业，但实际上，这些私有企业仍是军方背景，继续控制着国家的土地、银行、铁路、电信、石油、天然气生产等垄断行业的主导地位。另外，地方保护主义严重，市场对外封锁。由于保护而滋生的低效率和无效益壁垒使缅甸无法形成自由的市场化经济体系。由此可见，缅甸民主政治改革下的经济革新并不能完全市场化，经济运行无法摆脱政治强干预色彩，不确定性较强。

[①] 陈明华：《发展中的缅甸林业》，《世界农业》1997年第10期。
[②] 亚洲开发银行：《缅甸能源业评估》，《国际研究参考》2013年第3期。

(三) 营商环境风险

从外商投资的角度来说，营商环境是促进投资项目落地、实施和退出的便利性环境。营商便利度是营商环境的国际标准。世界银行营商便利度排名依据以下10项内容：开办企业、办理施工许可、电力供应、注册资产、申请信贷、纳税、保护少数投资者、跨境贸易、执行合同和解决破产[1]。2014—2017年，缅甸的营商便利度在全球190个列入统计的国家和地区中，排名分别是第182、167、170和171，是东盟国家中除东帝汶以外排名最低的国家[2]。时任缅甸副总统敏瑞曾在2017年表示，缅甸政府预计用三年时间将缅甸营商便利度排名提升到前100名。但从2017年的排名来看，指数趋于恶化，因此"前100名"的目标如何实现还有待观察。缅甸营商环境风险主要体现在以下方面：

1. "依法治国"效能低

随着缅甸民主改革的进展，法治环境逐步改善，缅甸行政、立法和司法三权分立的色彩逐步明晰，但缅甸法治仍存在很多问题，具体表现如下：

（1）人治大于法治，司法与执法环境差。

军政府时期的独裁专制是典型的"人治大于法治"；新政府时期，虽然按照民主改革的要求不断完善司法体系，设立了相应的法案，但旧有的"人治"传统在不稳定的社会环境下不可能瞬间就被弃用，它总会以一种新的状态呈现出来。缅甸新修订的《外国投资法》避免了项目被缅甸国有化的风险，但对缅方以所谓"充足的理由"来搁置项目的风险却没有任何禁制，密松水电站被缅甸政府在没有经过任何法

---

[1] 李悦：《优化营商法制环境制度建设研究》，《法制博览》2017年第31期。
[2] 中华人民共和国商务部：《世行发布2017年营商环境排名，缅甸下降至171位》，2017年11月10日，http://www.mofcom.gov.cn/article/i/jyjl/j/201711/20171102668904.shtml.，2018年2月13日。

律程序的情况下单方面搁置就是例证。

在法令执行方面，人为操作余地大。例如缅甸新修订的《外国投资法》授予缅甸投资委员会极大的自由裁量权。在行业准入方面，虽然法律进行了明确规定，但只要缅甸投资委员会同意，投资者仍有可能在禁止进入的领域获得准入，这就使机会主义者有机可乘，也会因为人为主观因素导致的"不确定性"给投资企业带来较高风险。

（2）当局政府自身的法律严肃性差。

制度环境不利于外商投资最直接的体现是政府违约。缅甸当局的法律违约行为不仅出现在密松水电站项目的单方搁置和拒不赔偿违约金事件上，其他一些中国投资项目在实施过程中也陷入此困境，如中国独资企业的进出口业务被缅方中止，营业执照被随意吊销等事件并非偶发，这些都说明了缅甸政府违约的随意性，甚至是践踏法律的严肃性。2015年世界银行营商便利指数中，缅甸在合同执行方面在189个经济体中排名仅为185位。

（3）外商投资的相关法律法规、政策、措施滞后，无法可依或者有法难依的现象层出不穷。

缅甸从"闭关锁国"到"对外开放"，外商投资相关的政策法规也不断完善。"新"法律法规缺乏延续性、完善性、超前性、关联性和稳定性，给企业带来极大的制度风险。首先，自2011年以来，缅甸制定或者完善了大量的法律法规，法制建设取得了明显进展，但仍有一些法律明显过时或缺失，如《合同法》《财产转让法》等都是殖民时期的产物，与现实严重脱节。其次，法律法规不统一，复杂的交叉管理现象使简单问题复杂化。如除了《外国投资法》外，根据不同的投资对象和投资领域，外商企业还需要分别遵循《缅甸公司法》《特殊公司法》等，但这些法律法规又缺乏一致性，甚至有相互矛盾之处，法规管理和执行部门也不统一，这在一定程度上使投资企业的

"有法可依"变成"有法难依"。

2. 政务环境差

在政务环境方面，与外商投资直接相关是东道国政府部门的办事作风和效率。政府政务透明、腐败程度低，企业运营成本随之较低，有助于投资增长。缅甸的情况刚好与之相反。首先，缅甸腐败严重。透明国际组织发布的"2016全球清廉指数"排名，缅甸是第136位，较2015年提前了6位，但仍位于全球排名的最底部，仍是最腐败的国家之一①。基于国家的重视和治理，目前在缅甸一些大城市如仰光、曼德勒、内比都等地腐败现象逐步得到控制，但在地方和民族邦区，腐败现象依然较为突出。对于中国企业投资而言，由缅甸腐败表现出的政务环境差的问题已经对中国项目造成了严重影响，比如密松水电站项目被抵制的其中一个原因是拆迁补偿不到位问题，中方支付的补偿款被经手的缅方代表克扣贪污，导致百姓抵制，项目搁置。其次，缅甸行政机构办事效率低。以世界银行2016年营商环境指数中的开办企业和获得电力的情况来衡量缅甸的行政效率，两项指标在189个国家中排名分别为第160位和第148位②。缅甸的行政效率虽然在2011年后逐年进步，但仍有很大的提升空间。

3. 劳动力水平低

缅甸吸引外商投资的一个重要砝码是劳动力丰富、成本低。2017年4月数据显示，缅甸仰光人均月工资为300美元，最低人均月工资为60美元，仰光最高工资高于全国水平，最低工资与全国持平③。根据实地调研的情况，缅甸劳工的工资高于此数据，但仍低于发展中国家的平均水平。缅甸劳动力存在的问题也增加了外商投资的风险，具

---

① 中华人民共和国商务部：《2016年缅甸腐败程度稍有改观》，http://www.mofcom.gov.cn/article/i/jyjl/j/201702/20170202512691.shtml.，2018年1月2日。
② 《缅甸经济与商业环境风险分析报告》，《国际融资》2017年第7期。
③ 《缅甸经济与商业环境风险分析报告》，《国际融资》2017年第7期。

体表现在以下三个方面：

（1）缅甸民众教育水平低。缅甸劳工、移民和人口部根据2014年人口普查资料，推算出截至2017年10月1日缅甸总人数为5339万，15岁以上的民众识字率为89.5%；大学文化水平者只占7.3%[①]。由以上调查不难看出，缅甸民众的识字率不低，只有10%左右人群属于文盲，但由于缅甸军政府执政期间对思想最为活跃的高等院校严格管控，甚至曾经关闭了大学教育四年，导致目前缅甸25—45岁年龄段正处于国家建设中流砥柱的人群基本上没有接受过高等教育，对缅甸的经济社会发展造成了严重影响。

（2）缅甸技术人员短缺。技术人才短缺是由亚洲及太平洋地区经济与社会委员会、经济合作与发展组织和缅甸联邦工商业联合会共同开展的缅甸商业调查结果论证的缅甸商业发展的三大阻碍之首。缅甸《外国投资法》规定对缅投资企业必须聘用缅甸工人，并进行相关培训，一方面，这是投资企业援助缅甸，履行社会责任的一种方式；另一方面，相比直接聘用立即就能进行岗位操作的熟练技术工人，聘用并培训缅甸无技术劳动者大大增加了投资企业的时间成本和经营成本，也增大了其所面临的人力资源风险。

（3）缅甸用工环境动荡，劳动力市场不稳定。2011年，缅甸民主进程开始按照"七点民主路线"快速推进，被军政府压抑很久的民众心中的"自由、民主"以非理性的方式盲目大爆发。同年10月，缅甸允许工人举行罢工及组织工会的新劳工法颁布，无疑给民众非理性的民主意识予法律保护。自此，工人罢工抗议行为层出不穷，严重影响投资企业的正常经营生产，例如2012年5月至7月间约有70家成衣厂的工人举行罢工要求提高工资；2015年1月，5家服装厂工人

---

① 唐威迪等：《缅甸：2017年回顾与2018年展望》，《东南亚纵横》2018年第1期。

因劳资纠纷举行罢工；2017年1月，中资服装厂被300多名缅甸工人砸抢。

4. 文化差异大

（1）民族问题。

缅甸社会文化差异的重要体现是民族文化差异。缅甸民族文化问题引发社会动荡的表现有以下几个方面：

第一，民族众多，大缅族主义盛行。缅甸有135个民族，缅族（65%以上）为主体，此外还有华人、印度人和孟加拉人移民。缅族与身俱来的优越感形成的大缅族主义是缅甸民族不平等不团结的根源，是缅甸民族矛盾的主要原因。

第二，缅甸少数民族的离心性较强。就人群组成而言，无论从地域上还是归属上，缅甸自古就没有形成统一，人群分离带来的是社会和军事上的不统一，最终导致国家分裂。时至今日，缅甸周边7个少数民族邦仍具有较强的独立性，形成少数民族地方武装割据，长期处于半独立状态，这严重地阻碍了缅甸的和平发展进程。

第三，缅甸具有多民族跨界分布的特点。缅甸一些少数民族，如克钦族、掸族、克伦族等，聚居于边境地区，与东南亚和南亚国家的少数民族有着血缘关联，呈跨境分布。同时，边境地区大多交通落后，使这些少数民族处于一种封闭和隔绝状态，与中央民族的巨大差异更增强了他们的离心性，使他们极易成为域外大国地缘战略的工具，加大了缅甸的地缘脆弱性。

第四，缅甸民族文化差异性较大。少数民族的特有文化形成自有的生活圈子，少数民族不同的宗教信仰又增强了文化的差异性。文化的差异性主要体现在生活方式和思想意识方面。不同文化群体对于同一事物的理解差异会导致行为差异，甚至引发军事冲突。缅甸就是这样一个未能实现民族平等和民族团结的国家，缅族（主体民族）与少数民族、各少数民族之间不断发生对峙和抗衡,而且由于缅甸国内政治格局的不平衡性,这种抗衡状态在短时期内难以消除,致使缅甸社会长期处于不稳定状态。

(2)思想意识问题。

除了民族问题带来的"封闭和离心性较强"的社会文化特点以外,缅甸大多数人的思想是保守的、封闭的,长期固守着一些旧文化,必然与社会发展形成冲突。缅甸的文化因素中遗留着许多过时的但却有很强内聚力的社会意识形态,致使缅甸社会在因循守旧、安于现状、不思进取的思想观念支配下艰难前行。在经济发展中,这种文化意识与自由化市场格格不入,甚至成为经济发展的阻碍。

同时,这种因循守旧的文化意识导致排华行为泛滥。以中国对曼德勒的文化融合为例,曼德勒是缅甸北部第一大城市,是缅甸经济文化发展重镇,其发展与华人华侨的努力是分不开的。曼德勒是华人聚居区,据估计曼德勒华人占当地总人口三分之一以上。华人在曼德勒建立的商业网络为缅甸经济发展做出很大的贡献。商业的兴起,带来市场的繁荣,也带来外来文化对传统文化的冲击。缅甸国家长期以来的"闭守"状态加上缅族大民族主义思想,使多数缅甸人保守、片面。对于世代居住在缅甸的华人,他们不给予身份认可,不认为这些华人是缅甸族群中的一员,不能参政议政;对于华人构建的现代"曼德勒繁荣",他们认为是中国的战略文化渗透,而非正常的经济行为。因此,在这样狭隘的文化意识形态驱动下,华人工商业的振兴带来的却是反华排华行为的日益严重。除现实情况外,还可通过缅甸本土文学作品获得同样的结论。正常的文化碰撞和文化融合,在一些人看来是文化入侵。作为缅甸社会的高知人群,记者和作家对于经济繁荣带来的先进文化对传统文化的冲击和变革都无法以一种"去其糟粕,取其精华"的方式接收和发展,却片面认为一切外来文化的目的都是

"同化",一切华人行为都是"侵略",那对于教育程度较低的缅甸百姓而言,更加无法理解"中缅共同繁荣"的理念。

综上所述,自2010年缅甸政治经济变革以来,中国企业对缅甸投资陷入了"投资越多,抵制越强"的尴尬困境,投资风险较以往高出许多。首先,无论是中央政府、军人集团和地方政权的分庭抗礼,还是少数民族地方武装利益诉求引起的对抗,或是已经爆发的宗教冲突,都是缅甸社会缺乏稳定的负面因素,是中国企业对缅甸投资面临的显性政治风险,是中国企业投资项目能否顺利进行的基石。其次,海外投资项目是否能够顺利开展,东道国的经济结构和政策支持是重要因素。当东道国经济发展水平低、基础薄弱、经济的政治干预度过强、经济政策不完善不能支持宏观经济的稳定发展时,外商投资在经济环境方面的风险也较大。复次,由政务能力、文化差异、教育水平等构成的营商环境在缅甸民主改革背景下对提升吸引外资能力的重要性越来越强,而目前的整体水平仍较差。最后,中国企业对缅甸投资还面临着"敌意风险",这是大国集团遏制中国逐步崛起而设置的阻碍,随着中国"一带一路"倡议的推进,"敌意风险"将会愈演愈烈,中国企业对缅甸的投资正是在这种艰难环境中寻找发展之路。

二 中国对缅甸投资企业的自身反思

在缅甸快速推进民主化进程的背景下,中缅关系进入新的发展时期,中缅经贸需在新形势下寻求互利共赢的合作机制。面对自2011年以来对缅甸"投资越多,抵制越强"的危机,中国企业需要正视存在的问题,反思自身的国际投资短板,在积极适应缅甸经济政策调整的前提下,认真总结,通过调整投资规划与模式来积极应对投资过程中的变革和突发状况。

1. 正视中缅关系从双边向多边转变的事实，改变大国"优势感"

中国与缅甸，山水相邻。从历史渊源上来说，中国曾经占领过缅甸；从国力情况来看，现代中国的崛起使与缅甸的差距进一步拉大，正如前文所分析的，缅甸今天所处的经济发展阶段可以说是中国25年前的经济发展阶段；从投资上来说，中国在2011年以前对缅甸的投资基本属于"一家独大"，优越感不言而喻。同时，一些企业把在中国经济环境下形成的在政策、资金、资源等方面的非市场竞争商业运作模式带到缅甸，招致缅甸反感，最终导致缅甸对中国企业投资项目"群起而攻之"。

从"一家独大"垄断投资到在多国"抢滩"下的"激流涌进"，中国投资企业需要调整心态，摒弃"特权"投资形式和作风，强化自身，积极参与到正常的市场竞争中，助力推进"一带一路"建设。

2. 弱化国有企业的"特权"，加快企业对缅投资转型

缅甸政治环境动荡，军人执政近30年，军人管制时期的中国企业对缅投资形成了以国有企业为投资主体、以缅甸政府或者军方企业为合作主体、以资源能源开掘为领域主体等特定时期的投资特点。这些特点使中国企业的投资形成"走上层路线"的弊病，成了缅甸民众反华排华行为的导火线。中国企业对缅投资形成的"国有化"的特点是中缅两国在特殊时期、在特定经济发展进程下的产物，把全部责任归于中国企业是不公平的，但中国企业也需要借此总结经验，不断改进和完善对缅投资的正确方式，寻找正确道路。

3. 认清企业在缅甸投资失败的核心因素，积极调整投资规划

自2011年起，中国企业在缅甸投资的大型项目出现波折。密松水电站被叫停，莱比塘铜矿停而恢复，中缅油气管道磕绊前行。这三个大型项目都是能源产业投资，都是军政府时期获得批准的项目，都在吴登盛政府时期实施，项目本身都涉及政治、制度、环保、企业社

会责任等问题，但为何成败结果却截然相反？在区域投资软环境中，决定成败的关键因素到底是什么？

本书第一章对三个大型项目的建设和实施情况进行了对比，可以认为项目的利益分配机制是决定项目成败的关键因素。具体而言，利益分配得当，能够促使中国企业在缅甸投资项目获得利益关联方的认可和支持，确保项目的顺利实施（中缅油气管道），反之则难以顺利开展（密松水电站）。

基于此，投资企业必须在深入掌握投资区域的制度、社会和文化形态的基础上，以利益共享为原则，争取获得利益关联方的认可和支持，有效避免因项目利益分配问题引发的各种矛盾，保证项目顺利实施，规避巨大损失。

4. 防范媒介误导，重视舆论宣传

媒介是舆论宣传的主体，主要包括非政府组织和新闻媒体。相比东盟其他国家，缅甸非政府组织的发展较为迅猛。缅甸政治多样性、社会问题复杂性决定了NGO在社会发展进程中承担着重要作用。缅甸自2011年开始放松对NGO的管制，缅甸国内和国际NGO数量不断攀升。由于新政府只"放开"管制，却未对被放开的NGO实施有效管理，缅甸非政府组织出现"鱼龙混杂"的局面。一些强西方背景的NGO别有用心地以不同的方式向缅甸人民灌输西方的价值观，不断进行文化渗透，其中一个目的就是用"西方价值观"战胜"中国价值观"，从而赢得缅甸。因此，这部分非政府组织抓住中国企业投资项目在缅甸民主进程中的"不适宜"部分做文章，并将"不适宜"内容过分严重化，导致缅甸民众怨声载道，群起而攻之。例如，在密松事件中，国际地球权益组织、克钦发展网络组织等非政府组织联合起来，将环境污染、土地赔偿等问题过分严重化失实宣传，恶意煽动百姓抗议，导致全民反坝。莱比塘铜矿事件中，"88学生组织"等以

"保护环境、保全人民利益"为主题号召村民游行示威,向政府施压,导致项目暂停。在中缅油气管道项目中,"瑞天然气运动"等给中缅油气管道扣上破坏环境、强制劳役等罪名,致使项目进展较预期缓慢。中国企业投资缅甸的三大项目在实施过程中遭遇不同程度的抵抗,都与非政府组织的行为扰乱密不可分,只是由于三个项目的处理时机和处理方式不一样,三个项目的结果也不尽相同。由此可见,非政府组织的负面引导是中国企业对缅甸投资遭遇重创的催化剂。

民主改革之后,缅甸媒体高度自由化。一些作为百姓了解信息主要渠道的缅甸私营媒体,不尊重新闻实事求是的原则,带有各种利益目的,过分夸大甚至捏造中国投资对缅甸环境破坏、资源侵占等方面的不良影响,加速引爆缅甸民众对中国投资的反抗。

这些非政府组织和媒体对中国企业投资的不友好,有缅甸国内政治斗争的原因,也有域外势力敌意干扰,还有中国企业自身公关意识淡薄的因素。中国企业基本不主动与当地媒体及民众直接沟通和交流,对NGO也是一味抵触而不是主动解释。中国企业在缅甸投资,面对的情况复杂多变,尤其在信息世界,舆论误导和舆论宣传是"双刃剑",防范与有效利用相结合,才能促进中国企业嵌入当地,有效开展经济合作。

5. 注重对投资区域的社会直接投入和文化融入

特殊历史原因,中国企业对缅甸投资在特定时期奉行"自上而下"的方针,甚至在进行公益事业的社会投入方面都如此。备受瞩目的三大中国企业对缅甸投资项目的社会责任履行情况就是例证。

密松水电站项目,征地拆迁、移民安置及补偿和赔偿工作都交由缅甸军政府负责。军政府内部贪污腐败现象严重,致使民众应得到的补偿款被克扣甚至被完全侵吞。同时,强制拆迁现象非常严重,据报道,"六十多个村庄约1.5万人在没有事先沟通和告知的情况下被强行迁移"①。虽然这些都不是中国企业的直接行为,但中国投资企业对当地百姓是否获得全额补偿,是否得到妥善合理安置并不跟进,没有将已经出现的涉及民生的问题及时解决,最终导致席卷全国的大规模抵制行动。

中缅油气管道负责运营的东南亚管道公司虽积极履行社会责任,斥资至少两千万美元援建近50所学校、3所医院、21所医疗站等,但巨额援助资金并没有收到预期效果,有两方面原因:其一,这些援建项目仍然是交给缅甸政府具体运作,贪腐之风依然存在;其二,援建项目的设计忽略了与当地百姓沟通的重要环节,在不清楚当地到底最需要什么援助的情况下就按照单方面想法开始建设,殊不知这些学校、医疗站等社会公共资源因为距离问题,根本无法惠及直接受项目影响的社区。

同时,中国企业投资项目往往忽略项目与当地文化的共融性,没有做好与当地百姓的文化沟通,给心怀叵测的社会组织很好的机会煽动百姓抵制项目。例如,莱比塘铜矿被民众抗议的原因除了环保问题外,还有文化冲突。中国企业要拆迁当地的一座古老佛寺,这对于信仰佛教的当地百姓而言难以接受,是对其信仰的冒犯。密松水电站项目也存在文化冲突的问题。密松是克钦族信仰中的圣地,是信仰的承载,当得知水坝建设更会拆除当地文化古迹和教堂时,百姓的不满情绪呈井喷式爆发。

由此可见,中国企业投资缅甸的过程,是社会融入和文化融合的过程。关注百姓民生,尊重当地文化是做好社会直接投入和文化融入的原则。

---

① 王嘉玲:《基于企业社会责任视角的中资企业投资缅甸的问题及对策研究》,硕士毕业论文,广西大学,2017年。

第二节 大国干预下中国企业对缅甸投资的态势

一 大国干预对中国企业投资缅甸的影响

大国或者经济体对缅甸的直接投资是随着缅甸国内政治体制改革的推进而不断变化的。1962—1988年，奈温统治时期，缅甸闭关自守，禁止外国直接投资进入。1988—2010年，军政府执政时期，缅甸逐步打开国门，颁布《外国投资法》，外国投资开始进入缅甸，但投资量较小。2011年至今，民选政府执政，民主转型加速前进，对外开放政策使外国投资基本呈逐年增长态势：2011—2012财年46.44亿美元，2012—2013财年14.19亿美元，2013—2014财年41.07亿美元，2014—2015财年80.1亿美元，2015—2016财年94.8亿美元，2016—2017财年66.49亿美元；截至2016年3月，外商在缅甸的累计直接投资总额达637亿美元，资金主要来自中国内地（181亿美元，占总额28.4%）、新加坡（131亿美元，占20.5%）、泰国（105亿美元，占16.5%）和中国香港（74亿美元，占11.5%）[①]。2016年3月，缅甸新政府组阁，缅甸继续奉行"大国平衡"外交策略，以实现国家利益最大化。"多元化"的吸引外资模式给中国企业对缅投资带来了新的挑战和机遇。本节以美国和日本干预为例，说明大国干预对中国企业投资的影响

（一）美国干预的影响

对于美国来说，缅甸的地理优势可以牵制东部的东盟，西部的印度，北部的中国，可以控制南部的印度洋和南太平洋，还可扼守马六

[①] 根据联合国贸易和发展会议2000—2014年《世界投资报告》，缅甸投资与公司管理局统计相关报告以及中国商务部资料整理。

甲海峡。

美国1988—2002年对缅甸的投资总额为2.43亿美元，2003—2010年几乎没有投资，2011—2013年年均投资额为100万美元左右，2014—2015年年均投资额为200万美元，总投资额在投资缅甸的国家里排名30[①]。

2011年以来，从"孤立与制裁"到"务实接触"，美国对缅甸的外交政策随着其"重返亚太"和构筑"C形"包围圈制衡中国两大战略的实施而演进。通过积极推进双方在政治、经济、文化等多个领域内的交流与合作，美缅关系呈现出加速发展的态势。2017年美国又一次对缅甸实施制裁，但从目前态势分析，该轮制裁只针对军方，规模小，不会使美缅关系"开倒车"。政治上，从两个方面对缅甸施加影响。①恢复外交关系，高层对话频繁。2012年美缅恢复了中断22年的大使级外交关系，高层对话、互访频繁：2010年美国国务卿希拉里访缅；2012年9月，昂山素季访美，接受美国授予的最高荣誉——国会金奖；同月，吴登盛总统赴美参加第67届联合国大会，并与希拉里和奥巴马会晤，这是46年来赴美的缅甸最高领导人；同年，美国总统奥巴马"历史性"访缅；2013年缅甸登盛总统正式访美，2014年美国国务卿克里访缅。②逐步解除制裁。1988年来，美国对缅甸进行政治、经济、军事等全方位制裁。随着缅甸2011年后的"大国平衡"外交策略，美国从全面制裁转为"行动换行动"，即缅甸需要用其改革成效换取美国制裁解除，也就是改革进一步，制裁松一点。由于美国对缅甸政策的调整，一直渴望与西方修好的缅甸，不断回应着美国，希望国家的外交走向从"依赖东方变为东西方平衡发展"以获

---

① Zichang Wang, "The Focus Change of American Sanction Policies to Myanmar: From Democracy to National Reconciliation", *Myanmar: Reintegrating into the International Community*, 2016, pp. 125–137.

取更大的利益,这就是缅甸对中国的态度自2011年开始发生微妙变化的原因,也是中国企业投资项目在缅甸波折不断的重要原因之一。

经济上,从两个方面恢复美缅合作。①解除经济制裁,加大援助,并将此行动置于国际层面。2012年2月,美国国务卿希拉里签署豁免令,允许国际货币基金组织、世界银行等金融组织到缅甸开展评估工作;5月,允许本国金融机构向缅甸提供金融服务;2016年10月,美国总统奥巴马签署行政命令,正式解除对缅甸的经济制裁。在经济援助方面,2012年美国对缅甸经济援助1.7亿美元,2013年2.25亿美元,2014年3.75亿美元,2015年特别援助了缅甸大选①。随着美国对缅甸政策的深化,援助也呈现出新变化:援助领域从人道主义方面转为与经济发展、社会管理和企业治理相关方面;援助主体从非政府组织转变为政府官方;援助对象从社会公民转变为政府群体,尤其重视高层次人力资源的培训。总体来说,美国对缅甸的援助从"幕后走到前台",从民生走向经济发展,其目的在于介入缅甸的政治经济发展,最终成为主导。②加大官方经济合作,鼓励美国企业对缅投资。2012年允许美缅进行以美元标价的金融交易,解除对缅甸的进口制裁;2013年5月,吴登盛访问美国,两国签署了《贸易与投资框架协议》,促进两国贸易与投资大发展;2014年4月,美国在缅甸成立商业服务办事处,标志着两国经贸之路大踏步前进。

社会文化方面,民主文化的输入是重要途径。美国政府解除制裁并非意味着美国对缅投资大爆发,无论从数量还是总量上来看,美国对缅甸的投资是非常有限的。美国的国情和外交特质形成美国"行动换行动"的对缅策略,没有回应和收效的"行动"不会成为美国外交的主要方式,在这样的背景下,相比直接政治干预和经济投资,美

---

① 施爱国:《浅析近年来的美国对缅政策及前景》,《和平与发展》2014年第1期。

国更加擅长以"文化输入"的方式施加影响,企图将缅甸打造为"民主样板"。通过奥巴马仰光大学演讲等宣传方式,将美国意识形态输入缅甸;通过帮助缅甸进行顶层设计,对公务员等开展各类培训,拉拢青年精英,实施官方和民间援助;同时,为了加强干预的延续性,美国注重对缅甸精英阶层下一代的培养,在缅甸创办实质是培养缅甸"亲美"下一代精英的国际学校。通过以上这些方式,美国不仅对缅甸进行文化渗透,同时改变缅甸民众对华认知,削弱中缅合作的基础。

舆论宣传方面,控制舆论导向是核心。美国国务院和国家民主基金会通过参股、提供新闻骨干培训、提供资金等方式影响缅甸境内的主流媒体,将诸如伊洛瓦底、缅甸民主之声电台这些公众媒体打造成最有影响力的宣传阵地。另外,美国在过去20多年里通过各种方式的渗透培养了一批在感情和立场上亲西方、信奉西方价值观的缅甸精英,并利用他们在缅甸国内成立"亲美利美"的国内NGO,向缅甸社会导入西方价值观。

特别值得关注的是美国对缅甸的政策调整影响极大,不仅局限于本国,更上升为国际层面的态度转变。欧盟国家及其他西方国家紧随美国之后调整对缅甸的外交政策,逐步取消除武器禁运外的各项经济制裁,并开始"抢滩"缅甸市场。

(二) 日本干预的影响

日本对缅甸的外交政策非常灵活。大方向上,日本对缅甸的态度是紧随美国的调整而变化的,但相比有距离差的美国和西方诸国,缅甸对于日本的战略影响更加深厚,因此日本对缅外交并没有随西方国家的全面制裁而间断,保持"建设性接触"。自2011年美国等逐步解除对缅甸的制裁以来,日本名正言顺地实施其以"价值观外交"为基础的缅甸计划,旨在实现产能转移,构筑对华包围圈,遏制中国崛起。

政治上，2016年民盟政府执政后，安倍政府派遣外长访缅，确定全面深化与民盟政府合作的发展路线：在改善人民生活，提高人力资源水平，以及基础设施和制度建设三方面加强对缅援助；帮助缅甸制订产业发展规划，建设经济特区，推动日本企业扩大对缅投资；实施建设性干预，介入缅甸内部事务，与缅甸各派势力展开全方位合作，通过提供无偿援助改善有意同政府和谈的民地武控制地区民生问题等方式深度介入缅甸民族和解进程。

经济上，日本是亚洲的经济强国，具有强大的科技和金融实力，日本对缅甸的经济外交，在一定程度上对中缅经济合作形成挤压之势。首先，日本对缅甸投资爆发式增长。1988—2011年日本共向缅甸投资了2.4亿美元；2012年为0.54亿美元，投资额突然增长了十多倍；之后每年的投资额逐渐增长，在投资缅甸的国家里排名12[①]。2011年，日本3家银行在缅甸获得了营业许可，日本投资进入缅甸金融市场；2012年，宣布免除缅甸全部债务，支持日本企业重返缅甸；同年，日缅签署《促进与保护投资协定》，为日企提供便利；2013年，日本重启对缅甸的日元贷款；2016年民盟政府执政，除了大型商社和企业扩大投资外，更在经济特区建设方面加大投入，除迪洛瓦特区外，还与泰国共同建设土瓦经济特区。其次，日本对缅投资，以与中国投资竞争为导向。中缅油气管道项目开工建设后，日本立即加大对缅甸油气资源的投资；针对中国在缅甸电力基础设施投资的增长，日本立即为缅甸政府制定能源发展战略，并助其完善相关的法规制度，同时向缅甸导入煤炭火力发电设施。另外，日本采取直接干预的经济模式，影响中缅合作。在中缅双方协议修建的昆明至皎漂铁路开工前，日本于2014年3月宣布无偿援助缅甸78亿日元，用于修建铁

---

① 发现数据：《投资国家数据》，https：//www.fxbaogao.com/dt？keywords＝%E6%97%A5%E6%9C%AC%E6%8A%95%E8%B5%84&order＝2，2018年5月15日。

路等基础设施。2014年5月,中缅昆明至皎漂铁路项目被缅甸铁路运输部宣布暂时搁置。

社会文化上,日本对缅甸社会文化的影响非常深远,其主要方式是通过接地气的官方发展援助嵌入缅甸的社会发展。与中国的官方援助不同点在于日本的官方援助更接地气,能让缅甸民众感受到日本援助的实惠,进而提升其在缅甸的影响力。日本将大量的官方援助用于缅甸的民生工程、基础设施建设、政府治理能力等最能让缅甸政府和人民明显获利的领域,例如电力短缺改善、农业人才培养、自然灾害检测、地震灾后饮用水工程建设等;此外,一直被各国忽视的或者避免触动的缅北少数民族武装地区也是日本官方发展援助项目的覆盖区域,例如,提供736万美元专项援助金用于改善克钦邦和掸邦民众住房,为掸邦、克钦邦等提供2100万美元的食品援助[①]。

舆论方面,新闻媒体成为日本丑化中国投资的主要工具。中国企业投资的密松水电站项目能够解决缅甸全国电力短缺的问题,这是项目能够落地的重要因素。但日本《产业新闻》记者却颠倒事实,将缅甸国内电力供应短缺的原因归咎于所产电力要大量出口中国。这样有企图的舆论煽动,诱发不知真实情况的缅甸民众的全民反坝事件,致使中国企业损失惨重,缅甸电力问题无法解决,而心存不轨的域外势利却坐收渔人之利。此外,日本还不断给缅甸政府和民众灌输不良思想,强化了缅甸对中国控制的担忧,为中缅关系正常发展设置了心理障碍。

二 大国干预下的中国企业对缅甸投资

(一)大国干预下的缅甸外交政策对中国企业投资的影响

1988年政变上台的缅甸新军人政权因遭到西方国家的制裁,不得

---

① 韩召颖、田光强:《试评近年日本对缅甸官方发展援助政策》,《现代国际关系》2015年第5期。

不实施"亲中疏美一边倒战略"。2011年开始,缅甸步入了民主进程的快速转型期,各国对缅甸的外交政策也不断调整,以求获取最大利益。缅甸因其得天独厚的地缘优势,被域外大国列为其在亚太地区外交战略的重要环节:美国"亚太再平衡",把缅甸作为重要支点;日本"价值观外交",意图打造缅甸成为遏制中国的重要环扣;印度"向东干"战略,缅甸是其重要的战略门户;中国"一带一路"倡议,缅甸是推进实施的重要环节。基于大国"抢滩"背景,缅甸实行"大国平衡"的应对策略。改善与美国的关系是解除国际制裁,获得国际认可的关键;日本的官方发展援助对缅甸的经济发展、民生改善有很大的拉动作用;与印度的友好往来,可以维持双边稳定;与中国的"胞波友谊"既可制衡域外大国,又可获得经济发展的巨大支持。

大国需要缅甸,缅甸也需要大国。但这样的"需要"是有前提条件的。一方面,美日等大国改善与缅关系是有促有压的,是以自身利益为出发点的,一旦缅甸违背其意愿,矛盾便起,制裁便到。另一方面,虽然需要获得美日等大国的支持,但缅甸是一个主权独立的国家,当美日等国家的干预明显背离了缅甸民主改革意图或者触碰了军人集团利益的时候,缅甸会"有所反应",不会因为"务实接触"而放下防备;而大国也不会给予不甘当"附庸"的缅甸"井喷式支持"。

总的来说,以美国为首的西方国家对缅甸的外交政策调整使缅甸摆脱了被制裁、被孤立的外交格局。重返国际社会不仅可以使缅甸多方获取发展的援助,实现利益最大化,也能减少对中国的依赖。但基于各自的利益格局,大国与缅甸都不会超越底线进行外交接触。基于此,继续与中国保持友好合作的关系,获取长期利益,同时以此制衡其他国家对缅甸的外交控制,保障缅甸外交独立和外交利益是现在以及今后缅甸对中国的外交政策。因此,一直坚持"不干涉内政"的中国与缅甸在外交关系大方向上不会有变化。就外交政策下的经济合作而言，缅甸"大国平衡"策略下的经济合作多元化发展，使中缅经济关系格局发生了变化：1990—2013年缅甸政府批准的外国直接投资中，中国占40.5%，位列第一；2013—2015财年，中国占比分别为93.6%、16.33%、1.39%，出现跳水式下降，但中国仍然是缅甸外国直接投资流入存量最大的国家；2016年开始，中国对缅甸投资逐步回升，经历了反复波折的中国企业对缅甸投资在总结经验的基础上，仍能一如既往，保持稳步前进态势。

（二）大国干预的局限性及对中国企业投资的影响

大国干预下的中国企业对缅投资，艰难前行。但我们也需要认识到大国干预的有限性，以正视自己的方向和方法，正所谓"知己知彼，百战不殆"。

就美国对缅甸的干预而言，存在三个局限性。第一，美国对缅甸"行动"的前提是缅甸需要按照美国节奏"行动"，也就是"行动换行动"。缅甸民主改革的步伐快一点、成效大一点，美国对缅甸的制裁就松一点，支持就大一点。但是缅甸是个主权独立的国家，深知真正的民主改革进程中，"一边倒"的格局不利于缅甸的全方位发展。因此，缅甸的"行动"是有底线的，这恐难以完全满足美国的要求。第二，昂山素季虽是美国扶植的亲西方"代理人"，但并非傀儡。美国希望昂山素季能将缅甸打造为美国民主的"样板国家"，但作为一个务实的民族主义者，昂山素季势必会以缅甸国家利益为行事出发点。2017年昂山素季遭到以美国为首的西方国家的强烈抨击，使其受到国际社会的道德审判，并摘除了"诺贝尔和平奖"的荣誉。与"代理人"的反目，说明昂山素季不能完成美国赋予的"使命"，美国的"代理人"策略遇到阻碍。第三，从目前来看，美国对缅甸施加影响的手段非常单一，即制裁。美国对缅甸的经济投资，无论是总量和数量都非常少，也就是说，缅甸对美国的依赖远不如邻居中国。作为一个正在变革的国家，利弊得失，缅甸政府心中有秤。正如2015年民盟胜选后昂山素季首次接受中国记者采访时所表示的："缅甸将更加重视与邻国的关系，继续奉行对华友好政策。"

就日本对缅甸的干预而言，存在两个局限性。第一，日本对缅甸外交受到美国制约，掣肘日本自主外交。第二次世界大战后，日美同盟是日本外交政策的基轴。因此，日本对缅政策缺乏独立性，其与缅甸关系的走向需以美缅关系为风向标。目前，以"行动换行动"为原则的美国对缅甸的投资非常小，这也制肘日本不能大规模与缅甸开展经贸合作，也就无法赶超中国对缅甸的投资。第二，官方发展援助是日本在缅甸实现战略利益的主要手段，但日本目前国内经济低增长状态无法为该官方援助提供更多支持。对于缅甸这样一个经济缺口严重的国家，日本的援助也只是"冰山一角"，无法撼动全国。

由以上分析可以看出无论美国还是日本，或者是其他想通过缅甸遏制中国发展的国家，面对急于寻找更多支持，通过"平衡"达到利益最大化的缅甸，他们的干预看似暂时有一些成果，中国企业也因此陷入"投资越多，抵制越强"的困境，损失惨重。但从长远来看，大国对缅甸的干预存在众多的局限性，而且美日各国都有各自的利益，相互也会形成竞争和挤压。缅甸政局长时期的不确定性无法给予大国任何保障，因此大国不会不惜损害自己的利益而坚持以缅甸为博弈舞台，与在地缘政治、地缘经济上都与缅甸"唇齿相依"的中国进行"持久战"。因此，大国干预不会长时间对中国投资造成威胁，相反，如果中国企业能够在大国干预的逆向环境中反省自我、建设自我、完善自我，中缅经贸合作才能走上"长期、稳定"的发展之路，中缅关系也才能迈上新的台阶。

（三）大国干预下的中国企业对缅甸投资发展之路

中国企业对缅甸投资，从"一家独大"到在竞争和干预下艰难开拓，面对大国"以政治带经济"介入缅甸民主进程，面对大国带来的经贸合作"西方规则"，面对大国文化渗透和"敌意竞争"带来的反华情绪和抵抗运动，面对在大国干预下，缅甸的"大国平衡"外交战略，中国企业对缅甸投资需探寻新的发展之路：认清形势、坚持原则，取长补短、创新驱动，竞争与合作并驾齐驱。

"认清形势、坚持原则"，即认清缅甸发展现状，域外大国对中国投资缅甸干预的方式和程度，域外大国对缅甸干预的局限性，以及缅甸对中国投资的态度；坚持按照中国"一带一路"倡议的步骤，践行"共商、共建、共享"的投资理念、模式和目标。

"取长补短、创新驱动"，即总结经验，夯实基础，创新投资方式。以美国为首的大国通过构建关注当地民生与发展的互利共赢模式，不仅在政治经济领域获利，更使西方文化的价值观、社会制度、发展模式、国际规则等理念在缅甸的各阶层得到了广泛的传播，影响力也越来越大，扩大了缅甸"亲西方"的阵容；同时通过教育植入使该阵容具有较强的辐射性和延续性。大国以"人权""民生"为旗号的干预行为，使一直被打上"军政府"标签的、环保和民生工程关注度不高的中国企业项目被抵制。"他山之石可以攻玉"，从另外一个角度看，这样的挤压也促进中国企业总结经验，取长补短，规范自身，寻找创新发展模式。

"竞争与合作并驾齐驱"。鉴于核心利益不同，中国与大国在缅甸问题上的竞争是必然的、长期的存在的。有竞争必然有合作，这是亘古不变的道理。竞争与合作，孰大孰小，这取决于特定时期的特定立场背景下的特定事件，没有标准。从自身发展而言，中国需要做的是有针对性地促进双边或者多边合作最大化，具体来说，对于美国为代表的西方，保持高层对话，寻找利益共同点；对于日本，努力促进与周边各国的经济融合与共赢合作，化解和消除日本"自由民主之弧"

的围堵，促进东亚、东南亚、南亚跨地区的区域一体化进程。

第三节　民主改革后缅甸各阶层对中国企业投资的态度转变

一　缅甸各阶层对"一带一路"倡议下中国企业投资的态度

"一带一路"倡议是中国建设周边经济和安全共同体的重大举措。缅甸是中国推进"一带一路"倡议的重要环节。"一带一路"倡议是缅甸发展的一大机遇，缅甸可以借此搭上中国经济快速发展的"顺风车"。缅甸2011年进入民主改革的快速发展阶段，中国"一带一路"倡议于2013年开始实施，有着胞波情谊的两个国家，在同一个历史阶段开始进入和深入"经济全球化"战略。虽然起点和发展态势不同，但有着地缘优势的两个国家更应携手互助，以构建"命运共同体"为目标，努力统一认识、统一行动。

缅甸政府对于参与"一带一路"倡议在态度上是十分积极的。缅甸政界高层虽认可和强调"一带一路"倡议对缅甸的巨大影响力，但对"一带一路"倡议框架下中缅可开展的具体合作没有明确认识。从目前来看，基于政治考虑和外交顾虑，缅甸在实际行动方面落实甚少。缅甸社会对"一带一路"倡议仍然缺乏了解。据学者李晨阳等的调查分析，对于"一带一路"倡议，了解情况的缅甸人仅限于从事政策研究、与中国打交道的一些官员和精英。

自"一带一路"倡议提出后，中国企业对外投资是按照"一带一路"倡议的思路顺势而行。缅甸各方对于中国的"一带一路"倡议的态度，基本代表他们对中国企业投资的态度。总结下来，即官方态度积极，但实际行动受到各方利益牵制；民众认识不清或滞后，容易受到"敌意"挑拨和影响。

二 缅甸官方对中国企业投资的态度

缅甸官方对中国投资的态度，实地调查并不客观，因为官方态度代表的是国家意志，使其具有很大的限制性和非真实性。本书借鉴缅甸学者敏辛对缅甸军政府老将军回忆录的描述，分析民主改革前缅甸官方对中国投资的态度。

丹顶准将（Brig. Gen. Than Tin）是缅甸臭名昭著的"四个切断反叛乱政策"的制定者，他在回忆录中写道："因为得到某个邻国的掩护，我们面对的叛乱者可以得到他们需要的任何帮助，包括人力、武器、军事训练，以及战场指挥的顾问。"① 漆瑞将军（Gen. Clit Swe），作为成立于1988年的"国家恢复法律和秩序委员会"的创建者之一，他在回忆录中写道："它的优势在于拥有先进的武器，另外一个明显的优势是他们得到了安全的后方掩护，可以获得强大的军事和后勤支持。"② 不难看出，缅甸前将军们认为缅甸反政府武装得到了大国援助，因此他们不信任中国。这些回忆录是在缅甸军政府时期，在对新闻刊物严格审查下公开发表的，也就是说这是受到军政府认可的，也是军政府官员中的广泛认识。

军政府时期，缅甸被制裁，对外政策"一边倒亲中"，在这样的背景下，缅甸官方对中国的态度都是"不信任，不认可"，那么在缅甸民主转型时期，在域外大国"敌意"扰乱的情况下，缅甸对中国势必会有更强的戒备心理。虽然民盟政府积极发展与西方的关系，但不会完全倒向西方，不会让缅甸成为大国博弈的战场；同时缅甸政府清楚地认识到中国在经贸方面对于缅甸的重要性，缅甸未来发展需要扩

---

① ［缅］敏辛：《缅甸人对中国人的态度：中国人在当代缅甸文化和媒体中的形象》，《南洋资料译丛》2014年第4期。
② ［缅］敏辛：《缅甸人对中国人的态度：中国人在当代缅甸文化和媒体中的形象》，《南洋资料译丛》2014年第4期。

大对华合作。基于此，可以认为缅甸官方对中国投资的态度依旧是"保持合作"。

中国投资企业更要清楚认识到缅甸民盟政府以"民意"作为执政基础，对"民意"的敏感程度大大超过以往，如吴登盛政府时期那样，非理性民意迫使缅甸政府对中国企业采取非理性举措，从而影响中缅经贸合作的事件是否还会发生，有待进一步观察。作为中国对缅甸投资企业，完善自己，做好应对突发事件的充分准备是万全之策。

三 缅甸社会对中国企业投资的态度

目前中国是缅甸最大的投资国，机会与挑战并重。除了缅甸现存制约外国直接投资的因素外，缅甸民众对中国的消极看法带来的负面影响也是核心因素之一。

云南大学缅甸研究中心关于"中国对缅甸投资与援助"的调查结果显示，75%以上的受访者认为中国企业对缅甸投资意在获取缅甸的自然资源，仅有2.3%的缅甸人认为中国投资是为帮助缅甸发展经济，提高生活水平[①]。缅甸社会对中国企业和中国人的印象，有客观事实的一面，也有误解的一面，原因是多方面的，归结起来，有以下几点：

1. 被贴"军政府"标签的中国企业

缅甸民主改革以前，中国企业与缅甸军政府签订了很多大型项目的合作协议，缅方的合作对象都是军政府或者其下属集团公司。因此，尽管中国是本着不干涉内政的原则发展与缅甸的合作关系，但"走上层路线"的中国企业被认定为是军政府的中国合作对象，是维护军政府独裁统治和利益的。民主改革促使长期被独裁军政府压迫的

---

① 卢光盛等：《中国对缅甸的投资与援助：基于调查问卷结果的分析》，《南亚研究》2014年第1期。

缅甸民众一跃而起，试图当家做主，对于军政府的泄愤情绪自然转嫁在中国企业投资项目上。

2. 没有融入缅甸社会的中国企业

部分中国企业不深入了解当地文化，一味地按照中国习惯在当地开展工作，文化冲突激起民愤。例如缅甸因受到佛教文化的影响，生活和工作节奏缓慢，大多数缅甸人是不愿意长期加班的，他们更希望下班后回家享受天伦，但一些中国公司工作时间超过八个小时，经常加班，这就与缅甸社会文化生活有冲突。文化理念的差异导致工作态度的不同，当将中国人固有的加班思维强加于缅甸员工时，必会引起不满，甚至引发罢工抗议等群体性事件。

3. 受"不良制造"影响的中国企业

中国的制造业很强大，产品品质与价格是成正比的。中国有高端制造，也有与中低价匹配的中低端产品。缅甸贫富差距甚大，普通民众对于高档产品难以支付，所以多数贸易商从中国进口的都是与普通民众购买能力相当的中低端产品，一般由云南瑞丽市进口缅北，由缅甸木姐市一路向南销至全国各地。中低端产品在质量方面得不到最好的保障。换言之，制造中的残次品降低了缅甸人对中国产品的信任度，虽然这样的意识对中国人、中国企业和中国制造业来说是不公平的，但它确实存在，不容忽视。

4. 受不良形象影响的中国企业

随着中国经济的快速发展，中国人"走出去"已经成为常态。少数暴富者在国外的不文明行为确实影响了一些形象，而一些图谋不轨的媒体更夸大宣传，放大影响，致使东道国民众对中国人和中国投资产生不良印象和偏见。

随着缅甸民主改革的推进，民选政府将越来越重视"民意"。对于理性民意的质疑，中国企业应吸取教训，谦虚改进，争取民众支持。对于非理性民意，中国企业需要总结经验，做好准备，采取保护和防御措施，有效抵抗风险，降低损失。

四 媒体对中国企业投资的态度

本书单独把媒体作为缅甸社会的一个重要群体划分出来，专门了解他们对中国投资的认识和转变，目的在于引起中国企业对舆论影响的格外关注。缅甸媒体对中国企业的消极态度导致的负面报道有以下三个原因：

第一，军政府时期，"闭关锁国"的政策，民众舆论自由受到限制，相关新闻信息行业无法与世界同步。2011年后，缅甸国内言论自由逐步开放，政府颁布《印刷和出版法》以及《新闻媒体法》，取消新闻出版审查。从近年中国企业项目在缅甸遭遇抵抗的情况来看，媒体的负面报道起到了非常大的推波助澜作用。实际上，除了一些代表利益集团的别有用心的媒体外，缅甸媒体并非蓄意诋毁中国投资，这一观点在梁雪的实地调访中得到支持。2015年，梁雪访问来自缅甸《联邦日报》《缅甸国家新闻周刊》、"缅甸民主之声"电台等七家媒体的七位记者，其中六位记者都表示缅甸媒体并非不喜欢中国投资，也不是刻意报道与中国投资有关的负面新闻，只是想真实地反映民众的担忧，而民众的担忧来自于中方信息不公开和中缅双方信息交流不通畅①。因此，可以认为缅甸媒体对中国企业的负面报道的第一原因来自于中国企业自身的信息不公开，交流不到位。

第二，1988年后，由于中国对缅甸政治立场的变化和中国移民涌入带来的社会文化方面的影响，缅甸自中华人民共和国成立以来的亲华态度开始转变。缅甸社会公开发行刊物反映了这种态度并激发了反

---

① 梁雪：《2010年缅甸大选以来中国对缅甸投资风险分析》，硕士学位论文，外交学院，2016年。

华情绪。一篇由 Nyi Pu Lay 创作的小说把中国商人称为"蟒蛇",因为他们通过投资房地产来漂白非法收入,他们推高房价,迫使缅甸人搬到曼德勒远郊①。因此,本书可以认为缅甸媒体对中国企业的负面报道的第二个原因来自于历史原因造成的反华排华行为。

第三,2011 年吴登盛政府执政,按照"民主七步路线"实施的缅甸民主改革加速前进,媒体审查制度得到前所未有的放松。私有媒体因敢于触及政府底线,赢得大批读者,成为主流媒体。缅甸"十一媒体集团"CEO 曾在公众场合强调,缅甸面临着中国人带来的政治入侵、经济控制和社会威胁,号召通过国内和国外的制衡来对付中国人②。十一媒体集团多次抹黑中国。该集团曾经是缅甸最大的新闻媒体集团,是总统府认可的"联邦媒体栋梁",但 2016 年 11 月集团总裁和总编辑因涉嫌诽谤和宣传假消息被批捕入狱。十一新闻集团不仅有缅甸国内政治特殊背景更有国外力量的操纵和支持,据了解,该集团的注册地是北美。因此,本书可以认为缅甸媒体对中国企业的负面报道的第三个原因来自于域外大国的"敌意诽谤"。

总体而言,对于在一定程度上改变了缅甸民众生活和发展方式的中国融入,从控制严苛到自由言论,缅甸国内舆论必然会经历一个对抗期。虽然缅甸民众会在经济全球化的过程中,自然地适应和接受中国融入,但中国投资企业不能坐等良好舆论的顺势而来,毕竟中国企业在东道国舆论建设方面还有很多不尽如人意的地方,逆境才能让中国企业发现自身不足,更好地发展。媒体的工作性质决定了其对事情的态度和报道方式是灵活多变的。中国企业要改变缅甸媒体对中国项目和中国人的惯性思维,核心在于信息公开,方法在于主动沟通,路

---

① [缅]敏辛:《缅甸人对中国人的态度:中国人在当代缅甸文化和媒体中的形象》,《南洋资料译丛》2014 年第 4 期。

② [缅]敏辛:《缅甸人对中国人的态度:中国人在当代缅甸文化和媒体中的形象》,《南洋资料译丛》2014 年第 4 期。

径在于加强中缅媒体合作。

五 缅甸各阶层对中国企业投资的态度转变

军政府时期,言论管制严格,且中国对缅甸经济投资和帮扶是"一家独大",缅甸反华意识不严重,或者说即使有声音也不会发出来。

2011年后,缅甸市场被世界大国抢夺,成了国际投资的"香饽饽",此时缅甸国内非理性民主浪潮兴起,言论自由程度提高,各界对中国的抵制情绪爆发,导致中国企业对缅甸投资项目遭遇歧视和冷遇。

2015年起缅甸反华排华状况开始缓解。首先,中国一如既往的援助在一定程度上感动缅甸。当年夏天,缅甸遭遇近40年来最大洪涝灾害,"大难见真情",中国在缅甸遭遇天灾的时候保持一贯作风,进行了无私援助,这对于受灾百姓而言是"胞波情谊"的体现。其次,2016年民盟政府执政后,被贴上"亲美"标签的国务资政昂山素季和总统吴廷觉先后访华,中缅关系的走向出乎国内外意料。作为民选政府,民众对于政府行为的支持度胜过缅甸往届政府。缅甸政府的态度在很大程度上可以认为引领着缅甸民众的意识形态。另外,由于中国在舆论工作方面的进步,缅甸媒体对中国和中国企业的相关报道趋于客观和正面。

缅甸各界对中国态度大转向的转折点是2017年9月。中国发表公开声明,支持缅甸为维护若开邦的和平稳定所做的努力,并呼吁国际社会支持缅甸为维护国家发展稳定所做的努力。中国不仅说,更在做:访问孟加拉和缅甸,提出分三阶段解决问题;反对联合国安理会讨论缅甸若开邦问题;否决英国关于缅甸问题的决议草案;启动对外紧急人道主义援助机制,向孟加拉提供急需物资,安置难民等。中国在该事件上的态度和行动，受到缅甸欢迎，就连有西方背景的《伊洛瓦底》周刊也进行了正面报道，称王毅外长访缅证明中国将缅甸当作传统友邻和战略合作伙伴，显示了中国的远见卓识①。

与中国务实而理性的行为形成鲜明对比的是以美国为代表的国家对缅甸的谴责与制裁。他们宣称罗兴亚问题是缅甸的"种族清洗"行为，是涉及宗教、种族、人权的国际问题，并又一次采取制裁措施"惩罚"缅甸。很多研究分析认为美国等国家以罗兴亚事件为借口对缅甸的新制裁实质上是对民盟政府执政后并未完全按照西方路线推行国内民主改革和政治经济转型的"惩罚"。

中国行为与以美国为代表的大国行为的鲜明对比，使缅甸更加清晰地看到世界政治格局关系。政治上的信任带来经济上的依靠。缅甸与中国重建紧密经贸关系的意识再次萌发，"一带一路"倡议推介文章开始在缅甸媒体上大量出现就是例证。

从目前来看，基于中国的努力，缅甸国内各界对中国和中国投资的态度正经历着正面大转向。但这样的大回转还带有很大的不确定性。首先，缅甸态度大回转的原因除了中国的外交努力外，还与缅甸同西方大国利益冲突导致的"隔阂"有关，一旦西方大国以罗兴亚事件为借口给予的压力得到缓解，缅甸极有可能回到"大国平衡"外交的轨道上。其次，部分缅甸精英分子对中国始终有芥蒂，不相信中国。缅甸社会中有一种言论认为美国等西方国家利用罗兴亚事件制造缅孟关系紧张和地区不稳定的根本目的是阻挠中国"一带一路"倡议的推进，因为若开邦是中国新丝绸之路和印度洋战略通道的关键节点。

总体而言，缅甸各界对中国和中国企业的态度是一种国家意识，

---

① 祝湘辉：《缅甸对华舆论大转向》，《世界知识》2018年第2期。

正面转变并非一朝一夕可以实现的。中国唯有坚持"一起商议，一起做事，利益共享"的原则才能在未来变化莫测的对缅外交中实现中国投资的可持续发展。

小　结

本章从中国企业对缅甸投资风险的宏观分析和中国对缅甸投资企业自身反思的微观审视，同时对经济行为受域外干扰的影响，以及经济行为受人群意识的影响进行探讨，得出结论：中国企业对缅甸投资在民主改革后不顺利的原因是多方面的，无论是政治、制度、经济还是社会、文化、舆论，其共同围绕的一个核心因素是利益分配机制问题。投资领域能源资源化触碰了所在地政府与群众的利益；投资政治化和国有化形成的经济垄断仅保障了少数派的利益；投资社会责任履行形式化使百姓利益受到损失等，这一系列的投资模式使利益相关者的利益无法得到充分的保障，由此强化了缅甸民地武矛盾、反华排华行为冲突等，最终导致中国企业投资成为缅甸国内外矛盾的汇集点，陷入困境。

目前，在缅甸各界对中国投资态度大回转的趋势下，如何走出中国企业对缅甸"投资越多，抵制越强"的困境，实现投资的可持续发展，这是本书需要讨论的重要内容。

第五章　中国企业对缅甸直接投资软环境建设的对策建议

第一节　中国企业对缅甸投资软环境建设的途径

基于投资软环境的评价指标,缅甸区域软环境建设需要在制度、社会、文化和舆论四个方面进行探索。大多数研究中,投资软环境的评价和建设主体是东道国,旨在为招商引资培育优质沃土。本书中的软环境评价和建设是以投资国为主体进行的,旨在为本国投资项目的顺利开展提供基础保障。以投资国为主体的投资软环境建设是特殊时期的特殊对象的特殊行动,具有共性,更有特性。基于此,对处于政治经济转型期的缅甸,中国企业对其投资软环境的建设是一种创新尝试。本书首先需要明确建设的路径,再沿着此路径提出相应对策,才能达到在不偏离建设主线的基础上推陈出新,为中国企业对缅甸投资提出可供决策参考的建议。

通过第三章对缅甸投资软环境的综合评价和区域评价,获得了科学依据;通过第四章对中国企业投资缅甸的主要问题分析和态势研究,获得了现实依据,根据双重论证,本书认为中国企业对缅甸"投资越多,抵制越强"的根本原因是利益分配机制问题。基于此,本书认为中国企业对缅甸投资软环境建设的最有效途径是通过利益分享机制实现本地结网。

一 利益分享机制

在讨论建立利益分享机制之前,首先需要理解"利益相关者"。投资行为的"利益相关者"包括股东、雇员、供应商等直接受益方,和政府、社区、媒体等间接受益方。这些利益相关者直接或间接推动了投资的发展和繁荣,因此企业投资的决策和实施必须顾及所有相关者的利益。找准了"利益相关者",接下来的核心问题是如何"顾及所有相关者"的利益,即如何建立利益分享机制?

对于利益分享机制,本书第一章以中国投资缅甸的三大项目为例,论证了利益分配对项目成败的影响作用。此处将以至今仍未复工的密松水电站项目为例,论证利益分享机制是投资软环境建设的有效路径。

2011年9月30日,缅甸吴登盛总统宣布,根据人民意愿,在其任期内搁置密松水电站项目。密松项目被搁置的原因有多种,本书从项目的利益相关者的角度进行分析,见表5-1。

表5-1　　　　　　　　密松水电站项目利益分配情况

利益相关者	利益相关度	规定利益	利益诉求（潜在目的）
投资方：中电投	高	合同规定：39.33%	—
合作方：缅甸政府及缅甸经控公司	高	合同规定：60.67%	—
民地武（克钦邦）	高	无	项目利益分红：资源控制权和电力产出征税权 生存安全：项目道路建设被认为是缅甸军方夺取地区控制权的铺垫
当地百姓	高	部分移民补偿和安置（另一部分被代理人克扣,未按合同分到老百姓手中）	按照合同实施全额补偿 排除环保和安全隐患

续表

利益相关者	利益相关度	规定利益	利益诉求（潜在目的）
以昂山素季为代表的反对派	低	无	获取政治资本
新闻媒体、NGO、社会组织	低	无	蓄意捣乱或者随大流掺合

由表5-1可见，密松水电站的利益相关者共有六方，但在项目实施的过程中，只有两方的利益得到全覆盖，即项目直接利益相关的投资方（中国电力投资集团公司）和合作方（缅甸政府和代表军方利益的缅甸经控公司），缅方是最大的受益者。其他四方，有两方属于利益关联度较高的群体，但其应得利益没有得到完全满足（百姓）或者直接被忽略（民地武），还有另外两个利益关联度不高的群体，属于"趁机而起"，以求达到各自不同的政治或者社会利益。

密松水电站搁置是缅甸民主转型时期的特殊产物，有域外干扰因素，也有国内政治分权争斗的影响，但本书认为其根源在于密松项目自身存在的问题在这个非常时期被放大化，最终导致项目搁置。密松自身的问题并不是公众舆论宣传的环保测评不过关、不尽社会责任等，而是没有建立适宜的利益分享机制，全方位覆盖相关者利益。密松电站项目三分之二利益群体的利益没有被满足，在缅甸政治经济转型时期，"群起而攻之"是早晚的事，其后果是迫使项目最大受益者（缅甸政府和军方），放弃项目既得利益和与中国的"胞波友谊"，选择顺从"民意"和"民意"背后的"西方声音"。

基于以上分析，本书认为游行、抗议、项目暂停或中止等针对中国企业对缅甸投资的行为是利益分配不均衡、不到位的后果。因此，中国企业对缅甸投资的软环境建设首当其冲需要建立适宜的利益分享机制。"国之交在于民相亲，民相亲在于利相融，利相融在于心相通"，利益分享是利相融的唯一渠道，利相融才能实现心相通，心相通才能求共发展。

特别需要注意的是，利益分享机制中的利益相关者如果是孤立存在的，只关注自己的利益小团体，利益相关组织之间不"对话"、不"结网"，如何能实现最大化的利益产出？利益分配不仅是合作双方的二元关系，更存在于利益相关者组成的网络中。因此，本书提出的投资软环境建设路径不仅是"利益分享"，还需要"本地结网"，两者相辅相成。

二 本地结网机制

本地结网，并非蓄意拉帮结派，而是建立以利益分享机制为基础的利益共享联盟。投资项目的利益相关者是一个构成复杂的网络。企业投资项目的内部运作需要网络支持，外部延伸需要网络互动。对发展中或者转型国家的投资，单凭企业自身力量不足以应对其特殊的市场机制，这时，投资项目利益相关者的网络联动支持显得异常重要。基于此，本书中的本地结网主要指投资企业在投资当地建立以制度引领、文化融入、社会关联和舆论助力为目的的人际网络联系。投资是经济行为，而区域投资软环境建设是社会行为，一切社会行为的主体都是人。因此，要发展经济，必须处理好人与人之间的关系，这也就是软环境建设的根本。本地结网的方式是多元化的，可以是中缅企业之间的联网、中国企业与缅甸社区的联网、中缅NGO联网、中缅同源民族联网等，二元关系网络串联成多元网络，便于"利益相关者"之间进行"对话"。本书以建立以华人华侨为核心的社会关系网络促进中国企业对缅投资为例，深入解释本地结网的含义。

截至2017年，海外华侨华人总数逾6000万人，分布在全球200

多个国家和地区，华侨华人社团网络逾 2.5 万个①。学者陈初昇等运用 PCSE、FGLS 以及 Hansen 非线性面板门槛模型分析得出结论：活跃的海外华人网络可以促进中国企业对外投资，降低投资风险，特别在制度环境较差的国家，促进作用更加明显。根据本书第三章的评价，缅甸属于制度环境较差的东道国，缅甸华人华侨较多，且在某些区域华人网络较密集，完全符合华人网络高效促进中国企业投资的条件。

由于贸易、战争等各种原因，自古有人不断移居缅甸。清朝末年，在缅甸的华侨华人社会已经基本形成。截至 2016 年 6 月 30 日，缅甸有华侨华人约 250 万人，以云南籍、闽籍、广东籍为主。经过历史的沉淀，缅甸华侨华人与缅甸民族基本融合：政治上，与缅甸人民同甘共苦，反殖民、抗日本，最终取得独立胜利；文化上，从饮食、服饰、生活习俗到教育，完全融入当地；经济上，成为缅甸工商业的主力军，为提升缅甸经济水平做出努力。

具有强烈民族认同感的缅甸华人华侨在发展进程中与缅甸社会文化的融合性可以在以下几个方面助力中国企业对缅投资：

1. 发掘潜在市场。缅甸华人华侨了解缅甸的产业优势和市场能力，能为中国企业提供相关信息，便于投资决策。

2. 融入缅甸社会。华人华侨能运用其特殊身份形成的"文化双重性"，缩短中缅文化距离，为中国企业有效嵌入当地社会发展架建桥梁。

3. 规避风险，解决纠纷。华人华侨熟悉当地商业模式、市场准则、法律法规等，能够帮助中国企业调整不适，规避风险；甚至能够很好地运用其固有的社会联系，解决项目纠纷。

---

① 陈初昇等：《海外华商网络、东道国制度环境对中国 OFDI 的影响——基于"一带一路"研究视角》，《福建师范大学学报》（哲学社会科学版）2017 年第 1 期。

4. 成为中国企业的强力合作伙伴。华商在各国经济中承载着重要作用,第 14 届世界华商大会 2017 年 9 月在缅甸仰光召开,会议宗旨是让缅甸随华商"走出去",让世界华商"走进缅甸"。因此与缅甸华商的"共商、共建、共享"也是助力中国投资缅甸的一种方式。

总的来说,中国对缅甸投资企业,可以借助缅甸华人华侨的社会网络优势,建立与缅甸地方政府、商企、民众、NGO、媒体、社会机构、宗教组织等的联动机制,促进合作共享,保障企业项目顺利实施。

第二节　中国企业对缅甸投资软环境建设的对策建议

基于对中国企业投资缅甸软环境的评价以及投资存在的主要问题和发展态势,本书就缅甸软环境建设提出一些参考建议,原则如下:

1. 投资软环境建设是一个长期的投入过程,涉及范围较广,并非中国企业单方面能够完成的。因此,本书提出的软环境建设是以"多主体"方式进行的。中国国家层面对缅甸投资软环境的建设,以"不干涉内政"为原则,实施"参与式建设";中国投资企业层面对缅甸软环境的建设,以企业"根植性"为指导,实施"嵌入式建设"。

2. 缅甸投资软环境建设,以制度环境、社会环境、文化环境和舆论环境为核心,构建有机整体。

一　制度环境建设

海外投资是一种经济行为,但如果没有投资企业母国和东道国的双边制度保障,投资行为无法顺利实施。制度建设包含两个方面:一是投资企业母国的海外投资制度环境建设,也就是投资母国对投资企业"走进"东道国的宏观支持；二是投资东道国的外商投资制度环境建设。如果中国自身的制度环境差，中国投资企业带着"非良制度"与正在推进政治经济改革的缅甸开展经贸合作，就无法对刚刚打开国门的缅甸的外商投资制度环境建设提供建设性参考，更难于形成两种制度的共融发展，不利于投资项目的落地实施。因此，投资企业母国的制度环境建设与东道国的制度环境建设两者相辅相成，不可分割，共同为投资企业嵌入当地提供基础保障。

(一) 中国制度环境建设为投资企业"走进缅甸"提供保障

1. 构建保障机制，国家力量推进企业对缅投资顺利实施

(1) 建立中缅两国高级别贸易投资争端磋商机制。

继续保持和加强中缅官方高层对话；不断完善促进经济社会和谐稳定的中缅合作机制；建议建立中缅贸易投资争端磋商机制，成立不同级别、不同类型的双边争端解决平台，及时处理中国企业投资缅甸的相关问题和紧急事务，为中国企业对缅甸投资创造优越的"走出去"制度环境。

(2) 建立中缅两国政府双边投资条约保障机制。

目前，中国已同多个国家和地区签订了双边投资保护协定，能在一定程度上避免本国直接投资被东道国国有化等情况的发生。但该保障机制仍可进一步完善，提供更好的保护措施，以推动中国企业，特别是民营企业在享有利益保障的前提下"走出去"。本书以为"代位求偿权"保障机制可以借鉴使用。"代位求偿权"是美国政府保护其私有企业海外投资的一项措施，是指当东道国政治风险导致企业投资损失时，投资国海外投资保险机构享有的依据保险合同直接向东道国政府索赔的权利。"代位求偿权"把投资企业在其国内的海外投资保险制度通过双边投资协定上升到国际法的高度，进一步保障了投资企业的权益。

（3）加强公共外交和民间外交，建立适合中缅经贸关系的外交机制。

在对缅公共外交关系上，中国可以扩大官方接触的层面和范围，从中央政府到地方政府，从缅甸少数民族地方武装、各社会组织、新闻媒体到社区百姓，为我国投资企业创造友好的外交环境。在民间外交关系上，加强对缅援助，通过学术、文化等方面的交流，增强民间理解，提升中国人和中国企业在缅甸的社会认同度，切实实践中国"亲诚惠荣"的周边外交理念和把"国之交"变为"民之亲"的周边外交政策。

（4）完善中国企业对缅甸投资的区域风险评估体系，建立援助机制。

中国企业对缅甸投资前，应对投资项目进行全面的分析，以评估项目投资后可能面临的政治风险、经济风险和社会文化风险，这是现有的项目投资可行性评估机制。本书建议在现有的投资风险整体评估的基础上，按照时间的发展和空间的转移特征，对项目涉及区域进行区域投资风险评估，使风险评估更加精确。同时，针对中小民营企业信息甄别困难、信息量有限、信息滞后的系列问题，建议建立针对民营企业的官方风险评估机构，提供及时信息，采用先进风险评估方法，为"走出去"企业提供相对精准的风险评估服务。

除了投资前的风险评估外，还需建立投资后的援助机制。第一，对于投资安全突发事故，中国需要加强领事保护力量，确保中国企业的人身和财产安全。第二，建议建立中缅跨境经济合作区（如瑞丽—姐告跨境经济合作区）援助平台，以最快的速度对突发事件的人力和物力提供援助。

（5）建立对外投资与自身产业发展匹配机制。

中国企业对缅投资，需要强调国内和国外两个市场的互动发展。换句话说，中国企业对缅甸投资要同时考虑两国的经济发展需求，衡量输出输入的匹配度。双方经济需求不匹配的投资行为很难做到可持续发展，还有可能被强加"殖民"标签。中国企业对缅甸投资，中国可以发挥在高铁、核能等产业上优势，着重加强与缅甸在基础设施建设和加工制造方面的合作，在产业基础、资源禀赋、市场容量等方面形成互补，更好地匹配双方的资源与需求。因此，建议建立一个有效的体系以衡量投资双方的经济匹配度，将中国与缅甸的互配合作进行评估，进而实现以"优势互补"为原则的可持续发展。

（6）建立投资动机与投资环境相匹配机制。

根据美国经济学家海默提出的垄断优势理论、英国里丁大学巴克利和卡森提出的内部化理论，美国哈佛大学费农提出的产品生命周期理论，日本经济学家小岛清提出的比较优势理论，邓宁（国际生产折中理论）、克拉维斯（市场学派理论）、安哥多（制度学派理论）、波特（集聚经济理论）合成的区位理论等对国际直接投资动因的解释，投资动机主要包括：资源能源开发型，开发消费市场型，科学技术运用型，全球战略布局型以及分散风险型。不同的投资动机对投资硬环境的要求不同：资源型要求自然资源和劳动力数量丰富、质量高；市场开发型要求市场规模大；全球战略布局和分散风险型关注东道国资源整合状况。同样，不同的投资动机对投资软环境的需求侧重点也有所不同：资源能源开发型要求获取资源的过程简便安全；市场开发型要求市场潜力大、阻力小；技术取向型要求高端智力资源和完善的知识产权保护制度；全球战略布局和分散风险型强调政治稳定性。当投资动机与投资区域硬环境相匹配时，投资项目的开展才具备条件。在此基础上，进一步匹配投资动机与投资软环境，才能保障投资的可持续发展。

2. 加大政策支持，完善法规体系

良好的母国制度安排是企业对外直接投资的驱动力。当前中国企业对缅甸投资的自身制度建设既有积极因素，也有制度缺失或掣肘等不利因素，如民营企业融资艰难、资本市场制度不完善、计划经济色彩的政府管制和干预、知识产权保护力度弱等。基于此，中国企业投资缅甸，需要根据缅甸的特殊情况，进行合理的制度安排，具体如下：

（1）在中国对外投资法律体系框架下，建立缅甸执行规范，并与国际接轨，用立法保障和监督中国投资企业的安全和利益；

（2）调整财税政策，争取实施双向税收饶让制度，减小中缅两国双重征税对投资企业带来的成本负担；

（3）完善海外投资保险制度，放宽投保人条件，成立专门的对缅投资保险协调和服务部门，为越来越多"走出去"的中小型民营企业提供风险保障服务。

总体来说，中国企业对外投资的法规保障体系一直在完善。2018年3月1日新修订的《中国企业境外投资管理办法》正式实施，作为境外投资管理的基础性制度，以"放宽、管理、服务"为主线，从加强对外投资宏观指导、优化综合服务、完善全程监管等方面，在国家法规层面进一步保障了中国企业对外投资的权益。

3. 继续为中国企业对缅甸投资提供人力资源支持

提高创新能力，提升产业技术水平，走技术创新引领市场的发展之路是未来中国企业投资缅甸的方向。当从劳动密集型转向技术创新投资时，中国投资企业的创新能力和产业技术水平成为关键，高级技术人才和高水平管理经营者成为竞争核心。因此，培养具有专业知识和技能，精通语言，知晓法律，熟识文化的复合型人才，为在缅中资企业提供人力资源保障成为当前要务。目前，中国高等院校开设缅甸语专业的大学主要有北京大学、北京外国语大学、天津外国语大学、广西民族大学、云南师范大学、云南民族大学、玉溪师范学院、红河学院等。从数量上看，不能满足中国企业对缅甸投资的人才需求；从质量上看，专业设置多集中在语言和文化上，专业技能缺失。因此，建议调整高等教育人才培养方案，实行"（技术/管理/法制＋语言）课程＋（中国对缅投资企业）实习"的实用型职业化人才培养模式，为中国企业对缅甸投资提供人力资源支持。

4. 对"走出去"企业实行高标准、严要求的规范化管理

针对"走出去"部分民营企业的违规经营、恶性竞争等现象，中国于2017年出台了《民营企业境外投资经营行为规范》，从规范制度、诚信经营、履行社会责任、遵纪守法、加强风险防控五个方面对民营企业境外投资经营活动进行引导和规范。国家层面已经对海外投资的民营企业进行了规范，建议中国国家发改委按照分类指导的原则，会同国资委等有关部门研究出台《国有企业境外投资经营行为规范》，实现高质量管理。

5. 借鉴先进，提升对投资企业的政务服务水平

多数西方发达经济体针对海外投资都制定了"母国投资促进措施"，并设立执行机构，服务于本国对外投资企业。例如美国中小企业管理局为美国私营企业海外投资提供专业化和制度化的服务和保障；英国海外贸易局，收集和传达投资信息，对潜在市场进行研究，促进企业有效投资。

就政务管理而言，日本"一个窗口、分工管理"的模式值得参考。该模式的运行程序是对外投资企业向"一个窗口"即日本银行提交申请，受理银行根据程序依次向"分工管理"的各部门申报审批，最后由银行将审批结果反馈给申请企业。这种"1对1"的前台服务模式是高效的、便民的，是日本对外直接投资管理领域被实践证实了的高效管理办法。

针对目前中国投资存在的制约发展的多头审批、交叉管理等政务水平低的实际情况，本书提出两点建议：第一，建立分国别的中国企

业对外投资促进与服务体系，设立相应机构或建立机制，促进实行规范化的高效投资；第二，提高政务服务水平，实施"一个窗口"式的申请流程，简化审批程序，缩短审批时间，实现透明化管理，降低"走出去"企业的母国制度成本，增加收益。

（二）中国国家层面"参与式"建设缅甸投资制度环境

投资东道国制度环境建设的重点是建立或者完善外商投资的制度机制，充分保证投资项目在法制轨道上有序运行，不因人事变更而波动，不因政府更替而动荡，不因敌意干预而停滞。基于中国企业对缅甸投资的现实情况，中国国家层面有必要在"不干涉内政"的前提下，"参与式"建设缅甸的投资制度环境。一方面促进缅甸规范和完善制度建设，另一方面为中国企业投资缅甸提供基本保障。

1. "创造性介入"缅甸和平进程，为中缅合作奠定基础

无论是经济发展还是周边安全，缅甸国内和平进程与中国密切相关。因此，在尊重和不干涉缅甸内政的基础上，中国应在缅甸国内和平问题上发挥参与式建设作用。

缅甸国内和平的核心是民族和解。自民盟执政后，执政党致力于加快民族和解进程。目前，缅甸政府已经与多个少数民族武装签订了全国停火协议，但这个文本协议的有效性尚待观察。就2018年上半年发生的民族冲突主体来看，基本都是与中央政府签署过停火协议的武装力量。例如3月4日，孟邦民族解放军与若开民族解放军因后者在前者辖区砍伐原木发生武装冲突，随后政府军介入其中；自2015年与政府军签署了全国停火协议以来，克伦民族联盟与政府军至少发生过3次冲突。这样签了停火协议但仍频繁冲突的情况在缅北地区屡见不鲜。由此可见，缅甸的民族和解是一个漫长而艰难的过程。

本书认同王逸舟在中国对国际事务态度方面提出的"创造性介入"的观点。"创造性介入"概念的提出旨在提出建议，即随着综合

国力的提升，中国应更广泛地参与国际事务，以平等身份，对他国问题提出建设性意见和建议，这不是西式的干涉主义和强权政治，而是符合中国当前国际地位、国情国力和文化传统的新姿态①。

对于中国企业而言，缅甸民族矛盾冲突是政治风险之一，民族对立状态也使中国企业处于两难境地：支持缅甸政府和军方对少数民族武装进行军事打击，会影响我国边境安全；支持民族武装会影响中缅关系甚至上升为国际问题。基于这样的背景，为保护中国边境安全，保障投资权益，中国"创造性介入"缅甸的和平进程，以一种提供参考性建议的方式推进缅甸内政稳定，以此保障双方的政治、经济和社会利益，这不失为一个恰当的"参与式"建设缅甸制度环境的方式。

2."柔性"参与缅甸的制度建设，促进社会和谐稳定

周小毛提出的"社会稳定质量"概念强调了两个核心：第一，社会稳定是建立在法律、规则和机制的基础之上，一切社会因素的运转都是在制度的范围内进行的，因此稳定的投资软环境建设的核心是制度建设。第二，社会稳定是一种"以人为本"的稳定观，"以人为本"参与东道国的制度建设就是"柔性"参与制度建设的核心。"水能载舟，亦能覆舟"，人民群众是社会稳定的力量源泉，最大限度地实现民愿、谋求民利、化解民怨、融洽民情、赢得民心，才能有实现社会稳定的基础。人心统一了，社会稳定了，经济发展了，才能为外商投资提供快速进入和安全实施的通道，而外商投资反转过来才能在稳定的社会条件中拉动东道国经济快速增长。

参与缅甸的制度建设，首先需要对缅甸现有制度体系以及中缅制度差异进行研究。这是一个艰巨的任务，非企业自身可完成，需要政府力量为主导，企业、高校及研究机构共同参与。例如，可以对缅甸

---

① 王逸舟：《创造性介入——中国外交新取向》，北京大学出版社2011年版。

《外国人投资法》《公司法》《合同法》等进行系统研究，找寻制度风险，制订规避方案，并以中缅双方共同利益为出发点，向缅甸政府"柔性"提出法制修改的建议。

"柔性"参与缅甸制度建设还可体现在为缅甸提供经验借鉴方面。以防腐倡廉"制度化"建设为例。缅甸腐败问题严重。2016年致力于反贪污腐败的国际组织"透明国际"的"全球清廉国家排行榜"，缅甸排名136。[①]

"透明国际"的"全球清廉国家排行榜"显示，中国2014年排名100，2015年为85，2016年为79，2017年为77。[②] 中国反腐败工作始终保持高压态势，中国政府对腐败"零容忍"的态度清晰而坚定，反腐工作取得了显著成效，中国政府反腐工作"制度化"已成世界各国典范。中国在反腐倡廉方面的经验值得缅甸借鉴。

总体而言，中国企业对缅甸投资制度环境的建设，必须依托国家力量进行顶层设计，如果没有国家对外投资的顶层设计和行动指南，中国企业的对外投资必将失败。针对缅甸这样投资制度较差的区域，中国的"创造性介入"和"柔性"参与能为缅甸实现长期稳定提供建议，进而保障投资项目的顺利实施。

（三）中国企业层面"嵌入式"建设缅甸投资制度环境

1. 制度引领，创新投资方式和商业模式

自2011年中国企业陷入对缅甸"投资越多，抵抗越强"的困境后，除了对外部原因进行认真剖析外，中国企业对内部原因也进行了深刻分析，努力寻找一条适合中国企业对缅甸投资的可持续发展道路。

---

① Transparency International, *Corruption Perceptions Index*, Dec. 2012, https://wenku.baidu.com/view/2547501f5f0e7cd18425365b.html., May1 2018.

② Transparency International, *Corruption Perceptions Index*, Dec. 2012, https://wenku.baidu.com/view/2547501f5f0e7cd18425365b.html, May1 2018.

（1）中国企业对缅甸投资，在投资的运作方式上，需要改变。缅甸自身吸引外资的最大优势就是丰富的能源和资源，其能源资源领域的外资项目占外商投资的80%以上。但缅甸民众偏偏把"资源侵占，能源掠夺"的帽子无情地扣在中国投资身上。除了前文分析的缅甸民众将对军政府的不满情绪泄于中国企业身上，域外大国的敌意误导等原因，还跟中国企业对缅投资的固定模式有关系。对比日本，中国企业显示出"耿直"的特性。日本对缅甸投资，采用的方式是先以"惠民"工程进行铺垫，再进入能源和资源领域。而中国投资是先确定大型能源资源投资项目，再按照国际惯例或者缅方要求履行企业社会责任。就经济成本而言，中国的社会责任履行不会比日本低，但日本的"曲线投资"方式与中国的"直线投资"方式，被缅甸政府和民众认可的程度却大相径庭。因此，中国企业对缅甸投资，在投资的运作方式上需要改变。其实，中国提出的构建"命运共同体"的主张已经为中国企业对缅甸投资指明了方向：从诸如电力、卫生和教育之类民生项目开始逐步进入，真正实现社会嵌入和文化融合后，再按照中缅双方的需求启动"巨无霸项目"。

（2）在投资模式方面，寻求创新。中缅油气管道公司职工陈湘球对于中缅油气管道的投资模式分析很好地诠释了"创新"的概念，值得借鉴，总结如下：

第一，股权结构创新。天然气管道项目采用多国股东的方式规避风险，其中，中国石油占50.9%，缅甸油气占7.4%，韩国大宇和韩国燃气占29.2%，印度石油和印度燃气占12.5%[①]。股权合作的方式体现的是利益分享机制的实际运用。对于投资企业而言，在向缅甸政府争取诸如外汇、税收、路权等方面的优惠政策时，因利益相关者

---

① 陈湘球：《中国企业在缅甸投资的商务模式初探》，《能源》2017年第6期。

多，容易获取主导地位；同时，缅甸的反华排华行为没有理由针对这个捆绑着几个国家共同利益的项目，因此这种多国股权的方式提高了项目抗击政治风险的能力。对于缅甸而言，这样的方式既能满足其自身经济发展的需求，又能在"大国平衡"外交策略中寻找到平衡点。

同时，中国企业投资还可以借鉴日本企业的"股权共享"模式。在缅甸迪洛瓦经济特区项目中，缅甸和日本共同成立了迪洛瓦开发区公众公司，持有特41%的股权。为保障项目的顺利实施，日本把"共享经济"的模式巧妙地运用在股权结构上，项目剩余股份实行外售，这使该项目拥有了近两万名自然人股东，最大限度地提升了项目沿线民众的参与度，降低了因征地迁移等问题引发群体性事件的可能性。以上两种股权模式与本书讨论的投资软环境建设需要以利益分享机制为途径相得益彰。

第二，社会责任履行"接地气"。首先，尽可能多地优先雇用管道沿线居民参与建设。截至 2016 年年底，中缅油气管道项目当地员工比例达 72%[①]。其次，为缅甸企业创造经济价值。自中缅管道建设开工以来，先后有 226 家当地企业参与项目建设，从中获利。另外，成立社会公益项目工作委员会，专门负责企业社会援助工作，1830 万美元，120 个项目，真正为沿线百姓带来实惠。这样直接利益惠及百姓的企业社会责任履行方式，完全符合本书所提出的通过"利益分享机制"建设缅甸投资软环境的路径。

2. 抱团出海，共商共建共享

"抱团出海"是一种项目实施主体的创新模式，主要内容是通过中国企业联合投资实现规模化，通过国内外企业共同投资实现国际化，最终形成"利益共享、风险规避"的合作常态。中国企业对缅甸

---

① 陈湘球：《中国企业在缅甸投资的商务模式初探》，《能源》2017 年第 6 期。

的投资项目中,皎漂经济特区深水港和工业园两个项目就采用了"抱团出海"方式。深水港项目的投资主体是中国中信集团、招商局国际、中国港湾及泰国正大集团组成的联合体,称为中信联合体;工业园项目是中国中信集团、泰达控股、云南建工、泰国正大集团组成的联合体,称为中信联合体。中信联合体能够在国际竞争中中标的关键因素是"联合":强大的投融资能力,全球化的客户网络关系,专业化的项目管理团队,国际化的先进技术和开发理念。

中国企业"抱团出海"的方式使项目的建设和运营成为一体,在各方面形成强大的支撑和保障,建立"利益共同体、责任共同体、命运共同体"的联合运行机制。但"抱团出海"的主体创新模式在联合体的自我管理方面也存在风险,需要以股权分配合理化、管理规范化、运作国际化的方式规避风险,实现联合体内部的团结统一,否则自身矛盾也会成为项目失败的隐患。

二 社会环境建设

社会环境是投资企业进入东道国投资区域开展投资的生存、生产和生活环境。如果说东道国制度环境是对投资项目顺利实施的宏观保障,社会环境则是微观支持。因此,在缅甸的投资社会环境建设方面,主要从中国企业的"嵌入式"发展进行探讨。

(一) 妥善处理各方关系,保证各方利益

缅甸战略与政策研究所中国专项研究员钦钦觉季用"关系"这个概念来表明中国在缅甸通过多轨外交来"赢取人心",旨在达到中国在缅甸的战略目的和经济目的。本书认为钦钦觉季高估了中国对缅甸的影响力,而忽视了缅甸政府在增加外交多样性和保持主权独立性的长期努力;太过于强调中国的战略目的,却不讨论中国的"关系"理念植入缅甸社会促进了缅甸社会的和谐和经济繁荣。

"一带一路"倡议的原则是"共商、共建、共享",中国企业对缅甸投资也必须遵循"共同"的原则,协调好与投资项目相关的"关系",兼顾各方利益。在各方"关系"的妥善处理方面,由于投资企业的主要职责是投资项目决策和执行,主要目标是获取经济利益,企业不可能把过多的精力投入"社会关系"的维护上,因此,"多主体"嵌入的方式较为实用,能够高效处理好多方关系,兼顾多方利益。

1. 中国企业层面处理好与缅甸政府相关主管部门的关系

中国企业要在缅甸建立积极和谐的公共关系,需与其政府主管部门保持有效沟通,及时汇报企业投资项目的进展情况及遇到的问题,争取支持和协助,尤其在项目进展不顺利的非常时期,及时了解官方随事态发展的态度变化,利于采取应对措施。

特别需要提出的是,缅甸现在属于转型期的联邦国家,中央和地方政策的稳定性和一致性还需要继续提升。在这样的国家政治体制背景下,中国企业在与缅甸地方政府投资合作时应持审慎态度,保持信息上下通畅,避免成为中央与地方政府政令不统一的牺牲品。

2. 中国国家层面处理好与缅甸军人集团的关系

军政府时期,中缅合作形成"走上层路线"的惯性模式,这使缅甸民众认为中资项目仅使军政府受益,民间获益甚微甚至受损,导致民众以环保、民生、人权为由抵制项目。民主政府时期,虽然军方不是执政党,但根据宪法规定,军方还有潜在的国家政权主导地位,在关键时刻,能够使政权更迭;同时,缅甸的核心产业基本还是由军方垄断,中国企业投资的大型项目在缅甸的合作方大多数都是有军方背景的集团公司,例如,2016年民盟政府执政后批准的第一个中国项目土瓦经济特区炼油厂的两个缅甸合作方具有军方背景,两个企业过硬的政治背景和强大的分销网络有助于项目的长远发展。基于此,与军方继续保持好所建立的长期合作关系，并努力合理平衡与军方、现任政府、新兴政治力量的关系，这是中国企业投资缅甸必须要妥善处理的关系，但这一关系的维护主体应该是中国政府层面，中国企业是无法单独完成的。

3. 中国地方层面处理好与缅甸少数民族地方武装的关系

处理好与少数民族武装的关系包含两层含义。第一，中国地方层面与少数民族武装要建立良好关系，也要保持好距离。缅甸的资源和能源多数分布在民地武控制区。以能源资源领域为主的中国大型投资项目都布局在或者穿越民地武控制区，因此与民地武建立良好关系是保障项目顺利实施的关键因素之一。但由于缅甸中央政府与民地武政权因为政治权力分配和经济利益分享问题没有得到妥善处理，政府与民地武长期处于对立状态。在此背景下，中方要看清缅甸复杂的局势，在关键问题上要坚定立场，避免卷入缅甸国内矛盾，避免成为双方争斗的焦点，避免成为西方挑唆中缅关系的抓手。第二，作为"夹心饼干"，中方要处理好与中央政府和少数民族武装的双重关系。处理这样复杂关系的核心在于建立有效的项目利益分享机制。中国企业在与缅方签署项目协议时除顾全"中央"利益外，还需为"地方"争取相应的利益，使"地方"成为项目的"利益相关者"，以平衡双方关系，保障项目顺利实施。在处理与民地武的关系时，按照关系主体对等原则，中方执行这一任务的不能是国家层面，而企业层面也无法完成，最好的主体应是中国地方层面，如与缅北民地武有民族情结的云南民族自治州政府或者相应组织。

4. 中国企业层面处理好与当地百姓的关系

中国企业在投资缅甸过程中，必须要妥善处理好与缅甸民众的关系，通过强化民间交流，走"群众路线"的方式，有效嵌入投资区域的社会发展进程，才有可能取得当地民众的认可和支持，满足民盟以

"民意"为基础的执政需要，进而在国家和社会层面保障中国投资项目的顺利实施。

总体而言，遵循"国家有利，企业赢利，百姓受益"的原则，用"多主体"方式妥善处理与缅甸各层级的关系，能够为中国企业投资缅甸提供强效支持。

(二) 正确履行社会责任，信息公开

首先，按照社会责任的国际标准履行职责。2010年11月，社会责任国际标准ISO26000正式发布，定义为通过透明的、道德的、法规范围内的、遵循利益共享原则的可持续发展行为，组织为其决策和活动对社会和环境的影响承担的责任。密松水电站被叫停，无论这背后是国际政治博弈还是缅甸国内民族矛盾的因素，中国企业社会责任履行缺失或者不到位是这个经济灾难的导火线，这是无可争辩的事实。中国企业在未来的发展中，必须按照ISO26000列出的人权、环境、组织治理、公平运营实践、劳工实践、消费者权益、社区参与和发展七项核心主题来执行社会责任，避免再次成为众矢之的。

民盟政府批准的首个中资项目土瓦经济特区炼油厂的投资方广东振戎能源有限公司在总结了密松水电站项目等的经验教训后，以ISO26000提出的承担责任、保持透明、严守道德、保障利益、尊重人权、尊重法治、遵守国际规范七项原则为标准制订了企业履行社会责任的方案，最大化惠及百姓，降低因社会责任履行缺失或者不到位引发民众抗议的可能性。方案内容包括最大化选择项目所在地民众就业，高峰时保守估计有上万人同时施工；培养缅甸高级工程师，将他们送到中国培训；复制国内茂名、洛阳等地的城市发展经验，促进在配套的医疗、商业和旅游业中推动当地民众间接就业等。

其次，对于社会责任的履行，中国投资企业可以借鉴多国方式，如日本"曲线"模式。日本企业在项目开展前就进行铺垫，以公益项目为渠道,与当地政府和百姓进行沟通交流和意见反馈,争取当地百姓的信任和支持,这样可在一定程度上去除"中国企业走上层路线"的标签,并能真正了解民意,在民意基本统一的基础上开展的项目才能得到群众的支持。

再次,强调ISO26000社会责任国际准则执行原则中的"透明度"。第一,项目信息公开。对于项目决策、实施,特别是社会补偿、项目影响等方面的信息,中国企业应当以合理的方式进行足够充分地披露,并与利益相关者保持沟通,以避免因信息不公开而导致的负面影响。第二,改变"做了不说"的传统"低调"方式。前期中国赴缅甸投资企业并非未履行社会责任,反而在扶贫助困、改善民生等领域投入了大量资金开展援助,但一直保持"多做少说"或者"只做不说"的状态,使缅甸民众难以了解中国企业社会责任的履行情况,更难以感受中国投资项目的惠民性,导致其极易被各类社会组织煽动,抗议和阻挠中国企业投资项目。因此,中国企业在投资缅甸的过程中,要"做得好",更要学会"说得好"。

最后,中国对缅投资企业的社会责任履行可以采用与社会公认的如联合国儿童基金会、国际乐施会、世界宣明会以及缅甸本土公益组织"联合协作"的方式,获取社会认知认同的最大化。

除了中国企业自身的完善外,建议中国相关部门以ISO26000社会责任国际准则为范制订中国企业"走出去"社会责任履行行动指南,细分不同类型企业实施不同类型项目需要优先承担的社会责任主题,并指引企业按照原则和步骤完成社会责任主题任务。同时,对于中小型民营企业,建议中国相关部门制定社会责任承担促进措施,在提升中小民营企业社会责任意识的前提下,以以奖代补、树典型等方式鼓励中小企业积极而为。

(三)以农业为突破口,改善民生

缅甸民盟政府执政后,发展经济、改善民生成为政府工作的核心。中国在资金、技术、资源等方面的优势可以在"一带一路"国际合作规划的规范下,成为强化与缅甸新政府务实合作的媒介,共同致力于发展经济和改善民生。

中国企业协助缅甸改善民生最务实的方法是精准帮扶脱贫。缅甸是农业国家,2013年,缅甸适龄劳动人口3210万人,实际工作人口2470万人,农业从业人口约1400万人,占总工作人口的56.4%[①]。农业人口是缅甸民众的主体,是"水能载舟,亦能覆舟"中的"水"。以帮助农业国家的农业人口脱贫致富为目标的民生改善行动是中国企业有效嵌入缅甸社会发展,保障投资项目顺利实施的重要方法,也是以"民意"为基础的缅甸政府的行事宗旨,符合中缅双方利益。

农业帮扶的核心在于带动农民以土地为基础创新创业,具体建议如下:①策划实施区域农业综合发展项目,即在农业成熟地区引进资金和技术,建立集农产品生产、加工、包装、仓储、物流于一体的产业链发展体系;②借鉴或者引进孟加拉诺贝尔和平奖获得者尤努斯先生创造的"穷人银行",针对农村的微额信贷经济服务模式,帮助缅甸农村贫困人口脱贫致富;③在中国与东南亚国家建立的如滇柬友好农业科技示范园、中越农业科技示范园等的经验基础上,建立中缅农业合作产业园。在这方面韩越等学者进行了专门研究,设想在曼德勒建立现代农业示范园,目标在于以高新技术为核心,建立一个包含农业高科技产业孵化中心、现代农业科普教育基地、现代农业生态旅游与休闲带的农业有机体,使之成为缅甸国民经济的新增长点[②]。

中国企业在给予当地民众经济帮助以改善民生的同时,更重要的是指导带动他们自我创业,不仅要输血,更要造血,形成一个"就

---

① 刘祖昕等:《缅甸农业发展现状与中缅农业合作探析》,《世界农业》2015年第9期。
② 韩越等:《滇缅农业产业园区建设的构想》,《印度洋经济体研究》2014年第6期。

业—创业—创新—脱贫—致富"的帮扶模式，真正改善缅甸民众的生存和生活状态。

(四) 建立群体性事件预警和控制机制

群体性事件是指一定人群非法规模性聚合，以表达诉求、争取利益、发泄不满或制造影响为目的，对社会造成负面影响的群体活动。就对外投资而言，东道国的社会群体性事件的主要诱因有环境污染、土地征用、房屋拆迁、劳资纠纷等；主要方式有请愿、抗议、游行示威、罢工闹市、暴力阻挠等。

当前缅甸属于政治经济转型期，是群体性事件高发阶段。中国在缅甸投资企业自2011年起，经历了不同规模的群体性事件。总结经验，中国对缅甸投资企业需要建立完善的群体性事件预警体系，对群体性事件发生的可能性，以及原因、时间、地点进行预估，及时消除隐患，争取在群体性事件爆发前化解矛盾；或者将群体性事件的损害进行范围和规模控制，防止事件升级。

除了预警外，社会控制机制也势在必行。社会控制分为以强制性依法手段平息事态的硬控制和以劝导教化为主的软控制。群体性事件的有效控制方法是软硬结合。硬控制是国家法治层面的，是内政问题，外国企业无权参与；但在以精神文化感染为方式的软控制领域，中国企业可以做出努力，维护缅甸社会的稳定和发展。

总体而言，对于缅甸这样一个特殊的国度，相关制度不健全、人民内部分化严重，中国投资企业需要做的是建立项目相关群体性事件的预警机制和社会软控制联动机制，这也是中国企业通过本地结网嵌入当地的具体表现。

(五) 引入社区治理方式，创新社会融合之路

社区治理是指"政府、社区组织、居民及辖区单位、营利组织、非营利组织等基于市场原则、公共利益和社区认同，协调合作，有效

供给社区公共物品,满足社区需求,优化社区秩序的过程与机制,目的是通过解决社区存在的问题,实现以小社区稳定带动大社会稳定的目标"①。

按照本书对于缅甸投资软环境建设的区域划分,缅甸分为"东、西、南、北、中"五大社区,五大社区内又可按照少数民族地缘分布状态分为众多小社区。引入社区治理的方式,增强缅甸民众在地域上的归属感、价值上的认同感、行为上的秩序性和文化上的包容性,最终构建一个稳定共荣的社会生活圈。这样的方式可以在一定程度上化解缅甸"中央"与"地方"矛盾,建立一种国家与社会的纵向承接,也可以使社会中不同利益主体的横向合作关系得以建立。在此,特别需要说明的是社区治理与联邦政府的权利自治不一样。本书建议的社区治理与权利无关,它仅仅是一个政府与社区,官与民"共商、共建、共享"的作业平台,是一个以保障生存,促进生产,改善生活为目标的社会关系网络运作方式。

(六) 以缅甸环境规制为标准,做好环保工作

随着经济全球化不断深入,对外投资成为拉动投资双方经济增长主要动力的事实已经得到认同和肯定,而随着对外投资的扩容增速,其所带来的东道国生态环境破坏问题已经成为社会关注的焦点。目前,很多国家都建立了外商投资环境规制。环境规制较严格的国家,外商投资的准入和项目实施门槛较高,投资成本高;而环境规制宽松的国家,企业成本相对较低,但却存在很多不确定因素。

就缅甸而言,基于拉动经济发展的强烈需要,能源资源成为其招商引资的主要产业,环境规制较宽松。但随着缅甸社会经济的发展,尤其是公民意识的增强,其环境规制将会逐步收紧。基于此,中国企

---

① 史柏年:《社区治理》,中央广播电视大学出版社 2004 年版,第 131 页。

业需要做好以下两方面的工作。第一，提前准备。准备投资之前，做好缅甸环境规制的研究和实施安排工作；投资过程中，对缅甸环境规制进行变化预判，提出应对方案。第二，提高认识，加强学习。虽然缅甸环境规制的渐变过程会增加企业的准入和实施成本，加大投资难度，甚至给投资行为形成阻碍；但渐紧的环境规制对于投资企业是一种挑战，"遇强则强"，困难是暂时的，进步是永恒的。严格的环境规制鼓励企业不断改革创新，提升技术水平，提高技术进步能力，进而逐步降低环境规制对中国企业投资的决策影响度，弱化对项目实施的抑制效应。

（七）提高缅甸民众的教育程度和水平

缅甸全民识字率不低（89.5%），但高等教育比例低（7.3%），且由于历史原因高等教育出现过严重断层，技术人员严重短缺。缅甸新政府采取了增加投入、改革体制等措施，加强人才培养；同时，利用外资项目的运营，在实践中培育人才：缅甸新《外国投资法》规定外国投资企业应优先雇用缅甸公民，缅籍员工占比每两年递增一次，即项目实施前两年不低于25%，随后两年不低于50%，再随后不低于75%。

人才培养是一个漫长的、艰巨的工程和过程，这样的特点很难在短期内解决缅甸技术和管理人才的缺口问题。改善教育，大多数对缅甸进行直接投资的国家都在积极实施，目的只有一个，获得缅甸社会认同，发展亲近关系，培养下一代亲近精英人才，保障该国在缅甸的长远利益。中国国家层面怎样在提升缅甸教育水平的道路上参与式建设发展？建议如下：

1. 实施职业教育援助，创新校企合作模式，培养技术人才

2017年12月云南民族大学澜沧江—湄公河国际职业学院（以下简称"澜湄国际职业学院"）在瑞丽市奠基开工。这是一所建立在中

国国门瑞丽的国际性职业大学,学校采取"校地合作、联合办学"的形式,按照"一校多国""技能+语言"产教融合的应用型人才培养模式,为澜湄六国提供人才支持服务。

本书认为这样的中外合作办学机制,能够服务于云南作为中国面向南亚、东南亚辐射中心的重要作用,能为澜湄六国,特别是与瑞丽相邻的缅甸,培养急需的高级职业技术人才。更为重要的是,教育必须与实践相结合才能体现教育的成效。因此,澜湄国际职业学院与中国对外投资企业应当建立合作与相互支撑的亲密关系。就缅甸人才培养为例,澜湄国际职业学院既能为中国对缅投资企业培养专业技能过硬的未来员工,更能在提升缅甸教育文化程度的同时,培养为中缅合作固守桥梁的缅甸新一代。基于此,学院开设的专业应与时俱进,根据缅甸人才培养的需要和中国人才援外的需要,定向培养专业技术和管理人员,并能在"校企合作"的框架下直接参与中国企业对缅甸投资项目的运营中,学以致用。

2. 加强中国对缅投资企业与中缅双方高等教育院校之间的合作

2014年6月,中国云南师范大学与缅甸仰光大学签订了合作协议,开启了中国高校与缅甸最高学府的合作,为推进"一带一路"倡议中中缅双方在教育领域的合作奠定了坚实的基础,树立了榜样。之后,两校在教师互访、科研合作、学生交流等领域不断推陈出新,收效甚好;同时,云南师范大学华文学院在缅甸留学生培养、缅甸高校和中小学教师的培训及进修方面贡献突出,成果丰硕。在新的形势下,中国对缅投资企业应积极与中国高等教育院校之间进行合作,形成产学研结合,有针对性地助力缅甸投资软环境建设。首先,中国对缅投资企业的人才选拔和人才培养应有前瞻性,积极与相关高等院校沟通,助力相关高等院校在专业设置方面进行调整,使之更具针对性和实用性,并将企业的人力资源工作与相关高校的中国学生或者缅甸留学生的就业创业紧密结合。其次,中国对缅投资企业应充分利用相关高等院校的优势专业,进行产学研合作,助力企业在缅甸的项目开展以及社会责任的履行,比如云南师范大学生科学院的马铃薯基因分析、育种和种植技术具有先进水平,在提倡马铃薯主粮化的大时代背景下,这些科研技术的成果转化可以通过中国对缅投资企业援助于缅甸社会,既助力缅甸政府实现"改善民生"的目标,又能获得社区群众的认可,为中国企业项目实施创造良好的社会环境。另外,中国对缅投资企业应积极参与中缅高校之间相关领域的研究合作,组建投资项目的三方顾问团队,为项目因地制宜的发展提供参考意见,更能提高项目的公信力,获取社会认同,保障实施。

三 文化环境建设

文化是区域人群的象征,是内部联系的纽带,也是不同区域相互区别的标志。不同区域人群在经济生活、政治生活、社会生活等领域中形成的文化,在风格习惯、心理素质、思维方式、价值取向、道德情感等方面存在着差异,这就是文化差异。很多学者认为跨国公司海外投资时,文化差异是其所面临的最大风险。不可否认较大的文化距离会使中国企业对外投资的风险加大。

(一)中国企业层面实施文化适应和文化沟通行动

周凌霄研究发现对于曾经被殖民过的国家,殖民印记很容易触动民众对外国行为的抵触情绪[1]。缅甸,作为曾经的英国殖民地,民众心理后遗症不可避免,普遍担心"再一次"资源被掠夺,经济被控制,主权被颠覆。因此,缅甸虽然为了自身经济发展,欢迎大国投资,但在文化意识深处却可能埋藏着对外国行为的抵触和抗拒。同

---

[1] 周凌霄:《东道国文化环境对跨国公司直接投资行为的影响》,《亚太经济》2006年第5期。

时，多数国际经济学的文献研究认为，外商投资确实具有诸如超国民待遇的不平等竞争，地区差距拉大，通货膨胀，环境污染，行业垄断制约民族产业发展等负面影响。这些负面影响在缅甸这样有后殖民心理阴影的国家更是有可能被无限放大。在这样一种文化环境中，就中国企业投资项目而言，稍有不慎，民众文化意识中潜藏的对外抵触情绪最容易被引爆，最终演变为投资项目的最大风险。

基于此，本书认为在文化环境建设方面，文化适应是基础——习相临、心相近；文化沟通是核心——从民众层面加强文化沟通，改变固有的经济观，培养融合发展的意识，建议如下：

1. 尊重信仰，寻找共通

每一个国家、每一个特定区域的文化都有共性，也有特性。佛教是缅甸的国教，全国百分之八十以上的民众都信仰佛教；而中国民间信仰佛教的人数近2亿，以城市居民为主。宗教信仰的一致性不仅体现在思想意识方面，也体现在饮食、服装、建筑、节日、伦理生活等方面，中缅两国以佛教文化为基础的共通性，特别在两国边境地区，成为联系两国人民的重要纽带。

2. 传播中国传统文化，寻找共融

中国传统文化博大精深，包容开放。文化交流实质是双方文化的碰撞和融合，因此，中国对缅甸投资企业不仅要深入了解缅甸文化，也要让缅甸民众了解中国文化，才能通过文化沟通，实现文化融合。通过文化传播，广交朋友，构建利于投资的本地网络；通过文化传播，促进双方了解，以诚相待，共谋发展；通过文化传播，建立中国企业与当地利益共享、和谐相处的发展机制。

对于文化传播的方式，"中央与地方结合，官方与非官方结合"，才能做到全面开花、深入人心。在这方面，中国确实做了很多工作。2015年，促成中缅两国签订《中缅两国政府互设文化中心协定》；主办中缅两国建交65周年专题图片展、2015年中国国庆专题图片展、援缅洪灾区实况图片展等；2016年，中缅两国合拍的讲述缅甸骠国王子率团赴长安宫廷史事的电视连续剧《舞乐传奇》上映；2017年，缅甸佤邦二特区勐冒县49名师生到澜沧参加"中国寻根之旅——手牵手相约澜沧"夏令营活动；2018年1月，"梵花·缅甸"——中国艺术家缅甸风情风光摄影展举行。无论是中央还是地方，官方或者民间，所有的文化活动旨在增进两国人民的相互认同，为经贸合作奠定基础。

文化的认同和融合并非一朝一夕就能成就的，以下几个方面需要注意：首先，杜绝"打一枪换一个地方"的做法，应建立一个完善的中缅两国文化交流机制。机制的建立和运行，是为了让机制指导下的行为不断完善，持续长久，以中缅两国学生的研学活动为例，这是很好的青年一代的文化交流项目，一些相关学校都曾经做过，但从新闻报道来看，仅此一次。没有持续性的活动是散乱的，无法形成以点带面的文化辐射。试想，如果这样的活动能设计成一个长效活动，无疑对于中缅文化交流和融合传承有不可估量的正面影响。另外，文化交流需要根据受众的不同层次分类实施，切忌一概而论。例如一些非常艺术化的文化交流活动的对象应以双方艺术家为主，杜绝强制性召集百姓参与的行为，因为大多数老百姓理解不了这样的艺术内涵，无法深入人心，相反还会产生一些不必要的误会。最后，文化交流是双向的思维和行为，除了要建立一个双方交流的长效机制，要分人群进行互动交流外，需要重视文化交流的"双向"性，切忌单项"输入"，既要让缅甸百姓认可中国文化，也要让中国人民认可缅甸文化，这样才能最终实现双方共融。

3. 探寻民族文化根源，求同存异

前文已详细论述过缅甸的族群划分，缅甸民族可分别归入三大语系、五大语族,即汉藏语系的藏缅语族、壮侗(或者侗泰)语族和苗瑶语族,南岛语系的马来语族,南亚语系的孟高棉语族。汉藏语系的民族群,包含缅族、克钦族、钦族、若开、掸族等;南亚语系包含孟族、佤族、崩龙族(德昂族)等;南岛语系包含塞隆族和马来族。汉藏语系的族群均源自中国黄河流域上游黄土高原的古代游牧民族氏羌;南亚语系族群来源于中国长江流域至云贵高原地域。基于此,缅甸与中国,从人群关系上来说,同源同根。以此特性作为依托,对于中国企业嵌入当地的文化交流是有正向基础的,但需要在实际运用中把握分寸,避免使百姓进入观念误区。

当今世界,对社会损伤力最强的不是政治斗争也不是经济争夺,而是不同文化人群之间的冲突。国际投资是不同国家的资本、技术、商品、劳务、管理的经济合作行为,但其深层次内涵是不同人群形成的不同文化在某一个特定区域的碰撞和融合。中国企业对缅甸投资如能与当地形成文化融合,就能有效嵌入缅甸的社会发展进程,避免文化冲突,助力投资项目的顺利实施。

(二)中国国家层面"创造性介入"缅甸国家意识形态建设

前文曾探讨过王逸舟提出的"创造性介入"缅甸政治事务的观点。此处,本书将"创造性介入"延伸至文化环境中意识形态领域。

国家意识是公民基于对国家从认知到认同的国家主人翁责任感、自豪感和归属感,是一种政治信念,也是一种文化信仰。

缅甸是一个国家意识不够健全,甚至可以说国家意识偏离的国度。军政府时期,缅甸的国家意识是以军队意志为核心的。2011年后,缅甸的国家意识看似逐渐转变为以"民主、人权、法治"为导向,但从社会发展状态来看,目前缅甸的国家意识是以佛教极端主义为核心的大缅族主义。《作为和成为克钦人:国家之外的缅甸边境历史》一书中的观点,印证了这种扭曲的意识形态:在缅甸,主导话语权的是不断强化的、军事化的大缅族主义，这与国家联邦政治结构格格不入；在缅甸，中央意识形态不能团结人心，不能帮助非缅族人融入国家认同。[①] 缅甸目前的国家意识是其长期内战的根源，也是结果。缅甸由多民族组成，但缺乏统一性；主要信仰佛教，但缺乏包容性。主体民族缅族和主体宗教佛教是国家政权的核心意识形态，由此形成了一个金字塔形的社会阶层结构，从上至下分别是缅族佛教徒、非缅族佛教徒、非缅族非佛教徒、外来移民。除了明显的社会阶层划分，差异对待也是缅甸国家意识导致的负面特性。无论是政治待遇还是社会福利，民主和平等似乎只存在于金字塔最上层的缅族佛教徒社会中，这就使缅甸社会的"中心"与"边缘"界限非常明显，最终导致政治不认同、国家不统一、冲突不间断。

国家意识形态问题是国家建设的关键。意识决定行为，意识正确与否与行为成败密切相关。因此，帮助缅甸建立健全的国家意识，中国政府可给予建议和意见：①远离种族主义，强调包容和合；②远离宗教极端主义，崇尚正义与公平；③建立统一国民标准，废除差别化政策，给予缅甸少数民族身份认定和公民权利；④缅甸中央政府需要改变惯用也无用的纸上谈兵方式即签订停火协议的技术性操作，与民地武开展从未有过的"倾听和参与"式"对话"，用"心"交流，以利益共享为原则，才有实现统一的可能。商界有一种说法是"负责任的投资"，而缅甸需要一种"负责任的领导"。

四 舆论环境建设

（一）中国企业主动而为，创造有利的舆论环境

首先，宣传渠道多样化。缅甸早期军政府高度集权，对媒体高度

[①] Sadan Mandy, *Being and Becoming Kachin: Histories Beyond the State in the Borderworlds of Burma*, Oxford: Oxford University Press, 2013, p. 22.

管控。2011年以来，媒体管控被逐步放开，影响力爆炸式增强。缅甸的主流媒体分为三类，即国营媒体、私营媒体和外国媒体。国营媒体也就是官方媒体，代表官方利益，属于官方声音，在缅甸这一政治上不统一的特殊地缘国家，当局政府对百姓的亲和力并不强，代表政府声音的国营媒体的被关注和被信任程度也不高。私营媒体和国外媒体都带有各自的利益或者代表某一特定人群的声音，具有局限性，但在某个特定区域或者对某些特殊人群，信任度非常高。由于信息渠道及行业惯例的原因，涉及缅甸政府的经济商务活动，通常会有国营媒体被安排参加，私营媒体、在缅外国媒体通常不会主动参与新闻报道。而中国企业投资的大型项目往往都属于政府合作项目，如果仅仅是依靠国营媒体的报道，不但达不到宣传的效果，还会被一些民众认定为又是"走上层路线"的项目，反感增加。因此，中国对缅投资企业在媒体宣传方面需要做到渠道多样化，扩大宣传覆盖范围。

其次，信息公开，过程透明。目前，缅甸处于民主进程实施阶段。民主就是公开、自由、参与，其中"公开"除了指信息公开外，更强调过程透明化。因此，可以说"过程"是民主的具体表现形式。以密松水电站项目为例，论证"过程不透明"的危害。按正常情况，密松水电站项目开工前的工作程序依次应该是中缅双方立项，与地方政权和村民进行有效沟通，项目双方签订合同，与地方政府共同开展征地、拆迁、补偿、移民安置等工作，项目开工。但密松水电站的开展程序却保持军政府体制下的"简单粗暴"型，即立项，签订合同，缅甸政府备案、协调、征地、拆迁、移民安置，开工。程序上对比得出，密松项目跳过了第二个重要环节，即与地方政权和村民进行有效沟通，换言之，项目实施没有得到"群众支持"；另外，在进行备案、协调、征地、拆迁、移民安置等工作时，直接以缅甸合作方或者其代表为主体进行粗暴式操作，没有体现项目所在地相关人群的利益。虽然项目立项以及前期工作的开展是在军政府时期,简单粗暴的形式是一种惯常,但民选政府执政后,中国企业没有前瞻性预判缅甸政治转型引起的社会变革对项目带来的影响,在项目实施过程中没有任何改变或者采取措施尽快弥补工作程序上的欠缺,最终成为攻击对象。

因此,中国企业要有意识地加强与媒体尤其是私营媒体的沟通,积极开展公共外交活动;主动提升媒体的宣传力度,面对问题需要有针对性做出正面回应,宣传双赢的理念,以透明和公开的方式来反击来自各方的干扰;保证投资按照正常程序开展工作,重视"过程"宣传,树立中国企业的良好形象。

(二)中国企业要妥善处理与 NGO 的关系,提升社会宣传能力

非政府组织是舆论媒介的主体之一,在一个舆论环境尚不规范的国家,非政府组织的言行力量对政局和民意的影响不容忽视。

吴登盛政府时期,政府放松对 NGO 的控制,其数量明显增长,影响力明显增强,影响范围明显扩大。非政府组织不受政府控制,在缅甸这样一个政府影响力较为分散的转型国家,非政府组织因处事方式灵活,以"民主""人权""援助""发展"等主题深入人心,有较高的声誉,对社会舆情常常起到"润物细无声"的作用。从中国企业对缅投资几个大型项目受到阻碍的情况来看,NGO 的影响力不容忽视。因此,妥善处理与 NGO 的关系是中国对缅甸投资企业舆论环境建设中不可或缺的部分。

首先,中国对缅甸投资企业必须充分了解缅甸 NGO。从历史发展来看,在缅甸政治转型过程中,NGO 化解了很多阶级的阶层矛盾,成为一种必不可少的"润滑剂",但部分有西方背景或者西方价值观影响深入的 NGO 对中国企业投资项目带有天生的"敌意",这是中国投资企业必须正视的问题。

其次,中国投资企业与中国 NGO 应形成"抱团出海"的网状形

态。2015年中国扶贫基金会作为第一家进入缅甸的中国公益组织在缅甸内政部注册，主要开展胞波助学金、中文教学、IT培训和扶贫等项目。同年，国家汉办派出缅甸的汉语教师志愿者超过100名，团中央通过贵州团省委选派了17名志愿者到缅甸从事教育支持，企业家创建丝路伙伴国际志愿者联盟开展教育扶贫项目。虽然相比西方NGO的发展，中国NGO和社会组织在缅甸发展相对滞后，但已经开始有所作为，并逐步拓展服务领域。中国投资企业需要与中国NGO形成联结，在履行社会责任、开展志愿服务和深入基层与当地百姓有效沟通中形成合力，获取缅甸社会认知高趋同，共同助力"一带一路"倡议的顺利实施。

最后，中国企业应积极与他国NGO保持良好关系，将公关活动与经营行为高度统一。中国企业必须认识到非政府组织在民众信任方面的优势，恰如其分地做到"避其锋芒，取其优势"，通过非政府组织化解企业与百姓之间的摩擦，协调市场行为和社会发展，有效促进企业项目的顺利实施。同时，中国企业应联合与中国友好的非政府组织共同开展公益性活动，传播正能量，提升当地民众对中国投资者的好感，消除误解和谣言，为中国在缅投资企业创造良好的舆论环境。

除了中国企业自身完善与NGO的和谐关系外，缅甸政府也应有所作为。"无纪律"是目前缅甸NGO的管理状态，建议缅甸政府制定相应的法律规定，对NGO加强监管，形成一套有利于缅甸政治转型和经济改革的NGO管理办法，规避"混乱"导致的民意绑架行为，进而影响"民意"政府的正确决策。

（三）利用移动互联网，打造交流平台发展

缅甸经济发展状况使互联网仅能在主要省区使用，使用者也集中在精英阶层。但刨除内战的影响因素，互联网的发展将会随着经济的发展，成为社会生产生活的主流。中国的互联网发展已经与世界接轨，中

国企业可充分利用我国互联网发展经验,在缅甸打造系列交流平台,既可作为投资项目运行,也可作为援助项目操作。具体建议如下:

1. 打造维稳平台

应用现代化管理方法,带动缅甸建立一个基于维护社会稳定的网络大平台,将传统的社区、宗教、少数民族等线下网络汇集于这个线上平台,实现高效快捷的信息沟通和对突发性事件的预判和控制。

2. 打造中缅双边学术交流平台

新闻及学术刊物是实现缅甸民众认识中国的有效渠道,是实现"民心相通"的重要方式。2016年,《中国国际问题研究》作为传播中国外交政策和学者声音为主要任务的英文刊物,随"一带一路"倡议扬帆出海,这对于沿线国民了解中国和提升中国的国际影响力意义非凡。以此为鉴,中国企业可在互联网即将普及缅甸的阶段,带动缅甸打造基于互联网的学术交流平台,创造有利于中缅双方彼此了解和深入交流的环境。

3. 打造中缅"物联网"

建立中缅商品交易的互联网平台,让缅甸民众真正了解"中国制造"和"中国标准";同时,也为缅甸中小企业的发展提供中国广阔的市场。

五 其他方面的对策建议

(一)创造性实施"开放"政策

半个世纪以来,少数民族武装问题一直是缅甸政府的一块心病。缅甸的民族矛盾极为尖锐,其中又以面积最大的两个少数民族邦掸邦和克钦邦(通称缅北)为甚。自1948年缅甸独立以来,缅北地区的少数民族先后组建了数十支反政府武装。政治上不被认可、经济上没得到合理的利益分配、社会生活上封闭保守,这些少数民族武装力量成为影响缅甸政治和经济改革以及和平发展进程的重要因素。因此，缅甸政府是否可以摒弃原来的"同化"政策，采取创新的"开放和包容"理念，运用"统一中心，分而治之"的方式，将少数民族武装地区打造为联结缅甸中心和缅外区域的桥梁，以"包容和合"的方式实现三方共赢？

本书把缅族区域称为"中心"，缅甸边境少数民族武装地区称为"边境民地武"区域，与"边境民地武"相连接的缅甸境外区域称为"缅外"区域。缅甸"中心"与"边境民地武"不是零和关系，而是在"主体间"的相互承认和信任。"中心"对"边境民地武"的政治信任是对其"主体性"的肯定，这将赢得"边境民地武"更多的向化来承认并肯定"中心"的"主体性"。缅甸"边境民地武"由于地缘和族裔原因，与"缅外"有很大的关联性，"边境民地武"可以作为缅甸"中心"通向"缅外"的桥梁。缅甸国内民主改革不是建立在消灭族性和文化差异性的基础上的，而是承认并尊重多元化，实现价值统一的过程。

对于这样的创新策略，必须保证"顶层设计"与民意相契合，才能顺势而发。中国企业对缅甸实施"嵌入式投资"，需要在文化共融和共通的基础上，帮助缅甸民众建立正确的价值观，真正帮助缅甸社会实现和谐、稳定、发展，进而保障中国企业的投资利益。

（二）树立中国企业形象，将"中国制造和中国智慧"正向标签化

随着缅甸民主化进程的推进，公民意识不断上升，"民意"成为执政基础。良好的中国企业形象是争取缅甸民意支持的最外在表现，也是最有力的竞争名片。正面的企业形象容易使缅甸民众理解和接纳中国企业乃至与之相关联的中国事物和中国行为，反之则是排斥和敌对。

2014年8月，中国外文局对外传播研究中心发布了"中国企业海

外形象调查报告",调查显示:①中国企业的整体正面评价较低,海外民众认为中国企业在社会责任、公共关系、本土化、透明度和合规性五个维度的表现还有提升空间,尤其"透明度"方面。②海外民众认为中国产品虽然价格低、功能多,但在质量、安全、环保、售后、创新、科技含量等方面不足。[①] 对于中国企业形象,在本书第四章的缅甸民众对中国企业的认知转变中也有详细论述,不赘述。此处,基于缅甸软环境建设视角,针对如何提升中国企业的形象和"中国制造"的影响提出建议:

1. 企业形象提升全局化、系统化

企业形象提升是政府、企业以及员工共同进行的由内至外的系统工程,政府统筹、企业治理、员工遵循缺一不可;同时,需要配合媒体,社会组织宣传推进。中国在缅投资企业的主体是国有企业,肩负创造经济价值的任务,更承担着国家外交的重任,这些企业是国家对外投资的代表,一向重视企业形象工程建设。虽然中国国有企业在缅甸的整体形象不佳与政治有关,但与自身的建设也脱不了关系。

中国企业形象塑造如同中国企业对缅甸投资的方式一样,"走上层路线""不接地气"。要改变已经被缅甸老百姓贴上"军政府代表""掠夺资源"等标签的企业形象并非易事,需要长期坚持和不懈努力。"从小事做起,从身边事做起",让百姓切实感受到中国企业为地方经济和社会发展带来的福祉。笔者在走访缅甸某村庄的过程中,深刻感受到该村百姓对中国企业与日本企业的态度差异。中国企业本着"要致富,先修路"的原则为村庄修路,但村民却认为这是中国企业为帮助政府军队占领他们而开辟的捷径。日本企业为村子建设水井,解决了村民生活用水问题,村民认为日本企业才是真正帮助他们。这样的

---

① 于运全、翟慧霞:《2014中国企业海外形象调查报告》,《对外传播》2014年第10期。

例子，在缅甸并不是少数，总结下来，本书可以认为中国企业花巨资修路，看似以很高的代价承担了社会责任，但"不接地气"，得不到对等认可。缅甸的民族矛盾使地方百姓有很强的戒心，中国企业"修路"的行为到底是不是当地百姓所需要的福祉？还是中国企业想当然的行为？是否做过群众调研？另外，缅甸很多少数民族地区极度落后，先发展还是先生存，这个问题中国企业是否深入了解？笔者到访的村庄，水资源对于村民的生活是极其宝贵的，日本企业抓住这个关键点，以很少的投入换来了当地百姓的感恩戴德。

目前，中国企业投资缅甸的主体是大型国有企业或者央企，它们也自然成了国内外关注的焦点，中小民营企业往往被忽视。从规模上看，中国在缅投资以国企为主，但从数量上看，中小民营企业在未来的发展中，逐渐成为中国"走出去"的主力军。因此，对于企业的形象提升工程，中小民营企业更应该提前做好安排。这就需要一个专门的组织负责对中小企业的行为进行规范，规范的行为才能树立良好的对外形象。

2. "中国制造"助力中国企业形象提升

长期以来，"中国制造"被缅甸民众认为是"低价、低质"，甚至是假冒伪劣的代表。形成这样的印象有两方面的原因：

第一，强大的"中国制造"为了满足世界不同类型消费人群的需要，分为高、中、低三个层次，价格高的品质高，价格低的品质低，这是毋庸置疑的。目前，缅甸国弱民贫，高质高价的产品只是小众消费，低质低价的产品才是大多数民众的选择。低价而高质，这样的要求不符合商品市场发展规律。因此，对消费群体，强调差异化商品发展理念；对制造企业，重视品质才是王道。双管齐下，才能促使缅甸和其他国家民众正确看待"中国制造"。

第二，某些"中国制造"确实存在质量与价格不成正比或者假冒伪造的问题，这些产品的来源多出现于边境贸易，特别是以个人为主体的边贸交易中。因此，中缅两国需要规范边境贸易，严格审查贸易产品，严惩"次品走私"行为。

中国企业阿里巴巴于2018年4月向泰国政府东方经济走廊项目下的智能数字枢纽注入110亿泰铢，建立设施，使用技术进行物流数据处理，服务于泰中货运，并期望通过泰国的交通网络为缅甸、越南、柬埔寨等国提供物流服务，将东南亚地区的五个国家与全球市场联系起来。从宏观方面来说，这是中国民营企业全球布局的战略安排，从微观方面来看，阿里巴巴的物流网络连接，会使缅甸等东南亚国家民众体会到强大的"中国智慧"下的"中国制造"。

小　结

中国与缅甸，地缘关系成就了"不可分离"的属性，这是两国合作共赢的基础，但这种地缘关系在一定程度上变为了"地缘威胁"，从而导致中国企业对缅甸投资艰难前行。崛起中的中国，被遏制着，但依然砥砺前行。代表着中国海外利益的中国对外投资企业，经历了风雨变化后，更应主动寻找适合的道路，理性投资，争取最大化实现国家和企业的利益。

中国企业对缅甸投资，遵循"利益共享的本地结网"原则，从国家层面，"参与式"建设以制度、社会、文化和舆论要素为主的缅甸投资软环境；从企业层面，"嵌入式"建设缅甸软环境，旨在融入缅甸社会发展进程，保障中缅合作顺畅。具体来说，根据缅甸改革开放的新形势和投资环境的新变化，从宏观上把握缅甸民主进程中的政治和经济改革方向，深入理解缅甸投资的制度规定，建设严谨规范的制度环境；明晰缅甸的文化和历史背景下的社会万象，建设繁荣稳定、共荣共通的社会文化环境;把控和利用好信息社会的舆论工具,建设和善坚定的舆论环境;坚持正确的义利观,本着互惠互利的原则密切关注缅甸民众的所想所需,创造良好的民意环境,最终实现多主体多方式建设缅甸投资软环境的目标,保障中缅经贸合作顺利推进。

结论与展望

2013年中国提出建设"新丝绸之路经济带"和"21世纪海上丝绸之路"的构想，旨在与沿线各国通过共商、共建、共享，建立互利共赢的"利益共同体"和"命运共同体"。

中国企业对缅甸直接投资自2011年起，陷入了"投资越多，抵制越强"的困境，直到2017年底罗兴亚事件后，缅甸对中国企业投资的态度开始"回暖"，但备受关注的密松水电站项目的复工还遥遥无期，已商谈、勘探多年的项目仍未启动，已签订合作备忘录的项目仍未动工，中国企业对缅甸直接投资尚未走出尴尬困境。缅甸时局动荡，投资环境虽有改善，但仍处于"百废待兴"的阶段，在这样的背景下，中国企业对缅甸直接投资的创新性研究具有现实意义。

一 研究结论

本书通过文献和实地调研，运用地理学文化和制度转向理论，分析区域软环境对中国企业投资的影响机制；解构投资软环境的核心要素，构建适用于缅甸转型期的软环境评价指标体系，并应用于对缅甸投资软环境的评价；以软环境评价结果为科学依据，以中国企业对缅甸投资面临的问题、根本原因和发展态势为现实依据，以投资软环境建设为视角，探寻中国企业对缅甸投资的可持续发展的对策建议，实现中缅双方共同推进"一带一路"国际经济合作规划的目标。总结全书，主要研究结论概括如下：

处于政治经济转型期的发展中缅甸，投资软环境较为恶劣，不确定因素较多，发展空间较大，建设成本较高。本书从依法治国效能低、社会结构发展不平衡制约区域经济发展、文化差异与区域投资的关系论证了缅甸投资软环境对中国企业投资的负面影响。值得提出的是，通过对比分析密松水电站、中缅油气管道和莱比塘铜矿三大项目的利益分配情况，本书认为利益分配机制是中国企业对缅甸投资项目成败的关键。同时，通过区域文化对比，提出软环境的空间差异不能忽视，并为中国企业投资区位选择提出参考性建议：缅甸中部文化祥和，资源少，投资项目少，投资风险小；西部能源丰富，但宗教冲突导致投资高风险；东部资源丰富，同源民族情以及华人网络的文化沟通能力能为中国企业投资开辟与当地融合的道路；南部资源少，民族争斗不断，文化共融性较差；北部民地武集聚区，能源资源丰富，但文化复杂，中国企业较难嵌入。

本书采用层次分析法、专家调查法等方法，建立以制度环境、社会环境、文化环境和舆论环境为准则层，以政治体制、政务服务、社会结构、文化包容性、宗教信仰、国家舆论开放程度、国有媒体的宣传能力等19个二级指标，政治体制的成熟稳定性、政府对企业的干预程度、投资政策法规的落地性、区域结构、社会控制能力、政府对舆论的管制程度等71个三级指标共同构成的投资软环境评价指标体系。同时，采用专家调查法和两两重要性比对法结合的综合分析法，并借助层次分析法软件计算出指标权重，进而构建一个完整的评价体系，为中国企业对缅甸投资区域软环境的评价提供了技术支持。

根据评价指标，运用权重计算模型，参照定义，最终得出缅甸投资软环境处于"基础较差""区域差距较大""不断改进"，但"发展趋势不确定"的阶段。具体来说，在全国层面上中国企业对缅甸投资软环境的总体评价为"中等"，在制度、社会、文化以及舆论环境方面的评价分别是"较差"、"良好"、"良好"和"良好"。从区域层面来看，缅甸中部的软环境最适于投资，而北部地区的软环境十分堪忧。同时，缅甸投资软环境的评价结果引证了软环境建设的方向是"改善制度、融入社会、融合文化、引导舆论"。

本书通过中国企业对缅甸投资风险的宏观分析和企业自身反思的微观审视，同时对经济行为受域外干扰的影响，以及经济行为受人群意识的影响进行探讨，得出结论：自2011年，中国企业对缅甸投资不顺利的原因是多方面的，无论是政治、制度、经济还是社会、文化、舆论，其共同围绕的一个核心因素是利益分配机制问题。换言之，中国企业对缅甸"投资越多，抵制越强"困境的根本原因在于利益分配不到位、不均衡、不全面。适宜的利益分配机制尚未建立，直接利益相关者（民地武、地方百姓等）多种渠道抵制项目运行，间接利益相关者（媒体、非政府组织、域外大国等）多种方式"火上浇油"，迫使项目暂停、搁置甚至"流产"，从而加剧了利益相关者之间的矛盾，引发更严重的政治危机、经济危难和人民争斗。

基于中国企业对缅甸投资的现状、特征分析，以及软环境评价的结论，本书认为中国企业对缅甸投资软环境建设的最有效途径是通过利益分享机制实现本地结网，即在投资当地建立以利益分享为原则的，以制度引领、文化融入、社会关联和舆论助力为方式的人际网络连接。同时，本书认为对于投资软环境的建设应以"多主体"方式进行。具体来说，中国国家层面对缅甸投资软环境的建设，以"不干涉内政"为原则，实施"参与式建设"；中国投资企业对缅甸软环境的建设，以企业"根植性"为指导，实施"嵌入式建设"。

按照投资软环境建设的路径和特征，本书提出了中国企业对缅甸投资的可持续发展的对策建议：第一，在投资的制度环境方面，通过中国自身制度环境建设，为投资企业"走进缅甸"提供保障；通过中国"参与式"建设缅甸制度环境，为投资企业在缅甸发展提供保障；通过企业层面创新投资方式和商业模式，为缅甸制度环境建设提供操作实例。第二，在社会环境方面，"多主体"妥善处理与利益相关者的关系，创新模式履行社会责任，以农业建设为突破口助力缅甸改善民生，建立社会群体事件预警和保障体系，引入社区治理方式创新融合之路，多元化方式提高缅甸教育水平。第三，在文化环境方面，中国企业层面实施文化适应和文化沟通行动：尊重宗教信仰，寻找共通，传播中华文化，寻找共融，探寻民族文化渊源，求同存异；中国国家层面"创造性介入"缅甸国家意识形态建设。第四，在舆论环境方面，主动创造有利的舆论环境；妥善处理与 NGO 的关系，扩大社会宣传范围；利用移动传媒，打造交流平台。第五，探讨缅甸创造性实施"开放"政策的可行性，并提出以提升中国企业形象的方式助力中国企业发展的建议。

二　创新之处

本书通过解构区域软环境的核心要素，从制度、社会、文化、舆论四个方面初步构建区域投资软环境评价体系，运用于中国企业对缅甸投资软环境的评价和建设，在以下几个方面取得了一定的创新：

第一，评价主体有别于其他评价体系。传统的投资软环境评价是以东道国为主体进行的。以东道国为主体的评价是基于统计数据中的一些映射指标进行的，数据获取容易是这种评价的一大优点，但其评价结果很大程度上不能准确地为投资企业提供决策指导，它只是东道国对投资软环境的一种自我测评。以东道国为主体的投资软环境建设是以其为主体进行的软环境评价为基础的，建设的目的在于吸引外资进入，而在项目实施过程中的利益保障机制方面，略显不足，尤其对于缅甸这样正在进行政治和经济改革的国家，外商投资过程中的利益保障机制非常滞后。基于此，本书以投资者为投资软环境评价的主体，通过思路创新，获取最真实有效的缅甸投资软环境评价结果和建设方案，为中国投资企业提供参考。

第二，评价指标选择有特殊性。纵观前期研究，对于投资软环境的评价指标选取，政治、经济、社会、文化方面都是必选项，但其少有研究将舆论环境作为核心因素之一进行评价。信息时代，舆论宣传成为政治和商业竞争的重要工具。舆论宣传的影响力随社会信息化的发展越来越大，时刻影响着对外投资项目的进度和成败。中国企业投资缅甸的失败案例中，由新闻媒体或者非政府组织构成的媒介主体所主导的负面舆论已经成为事态逆向发展的助推器。基于此，舆论环境被设计为投资软环境的一级指标，这是本书的评价指标体系区别于学者们前期研究的一个重要项，是软环境评价内容的重要拓展。

第三，评价体系在时间上有特定性。区域投资软环境不是静止的，随区域环境的时空演变而变化。同时，衡量区域投资软环境的价值尺度也会随着时代的发展有所不同。缅甸这样一个处于转型期的国家，其政治、经济、社会等各领域的不确定因素太多，对于未来，只能预判，无法做出任何科学评价。因此，对于中国企业对缅甸投资的区域软环境，本书的原则是"评价当下，建设当下"，即构建一个适于缅甸转型期的区域投资软环境指标体系，评价和建设这个特定时期的缅甸投资软环境。

第四，投资软环境评价和建设的空间差异分析具体化。现行的投资软环境评价大多数只分析缅甸国家层面上的总体情况，而忽略了该国内部投资软环境在地域空间上的差异。不同的区域，因为环境差异，评价和建设的侧重点也不一样。本书对这一个重要的议题进行了探索性研究。

第五，投资软环境建设主体多元化。投资软环境建设是一个长期的投入过程，涉及范围较广，内容较复杂，并非单一中国企业能够完成。因此，本书所提出的软环境建设以国家层面和企业层面的"多主体"方式进行，具体而言：中国国家层面对缅甸投资软环境的建设，以"不干涉内政"为原则，实施"参与式建设"，以提建议为主；中国企业层面对缅甸投资软环境的建设，以企业"根植性"为指导，实施"嵌入式建设"。

三　研究展望

同时，本书存在很多不足，尚待在以下几个方面开展后续研究。

第一，对缅甸区域的划分尚待进一步探讨。后续研究可进行区域划分细分，加强空间治理的有效性。区域依然可以依据语言体系的族群分类进行划分，重点考虑按照民地武控制区域进行细分，需要实地调查该区域对于中国和中国投资的态度、发展现状以及其合理而可能的需求。例如掸邦区域，是按照以往的特区形式划分，还是按照意识形态来划分？哪一种划分方式更加利于在促进缅甸民族和解进程的同时保障中国企业投资项目的顺利实施？这些问题有待进一步研讨。

第二，作为教育工作者，笔者非常关注教育融入问题。仰光街头有很多书店和报刊亭，放在醒目位置的不是教辅读物，而是政治读物，有介绍缅甸地方武装领导的，赞美领导人的，评价西方领导人的，还有很多英文读物，包括 *TIME*、*The Economist* 等。从报纸杂志的覆盖面来看，西方的观点和信息显然占据了主流。这反映出的不仅是以平面媒体为代表的舆论环境不利于中国与缅甸的融合，也映射出缅甸教育中的"强西方色彩"。除了曼德勒等华人华侨聚居区的私立华校开办着中文课程外，缅甸本土教育基本没有"中国元素"。缅甸公立学校以缅语和英语为通用必修语言。语言是文化融入的基础。英语语言的学习伴随着的是西方文化和意识形态的渗透，可以说是一种根深蒂固的影响。在这个领域，中国也在努力推进中国语言和文化教育的传播与弘扬，例如云南师范大学在缅甸仰光开设了孔子课堂，但相比西方文化在英国殖民时期的直接植入，鞭长莫及。教育是"功在当代，利在千秋"的伟大工程，是能实现两国可持续发展的重要道路。在这样的背景下，如何通过中国教育融合的方式，助力中国企业有效嵌入缅甸社会，这是一个值得深入研究的命题。

第三，个案研究有待深入。本书是宏观上解决中国企业对缅投资受阻问题的研究。基于宏观对策的微观个案分析更具有现实意义，同时，个案研究也能反过来为更进一步的宏观研究提供例证。例如，现在仍未恢复建设的中缅密松水电站项目是中缅经贸合作中的一座"山"，怎样"越过山丘"，成为学者们研究的重点，假设某项研究能够真正解决中缅合作中间这座"山"的问题，才真正称之为"理论指导实践"的典范。

参考文献

一 中文文献（按拼音顺序）

白重恩等：《投资环境对外资企业效益的影响》，《经济研究》2004年第9期。

保健云：《论我国"一带一路"海外投资的全球金融影响、市场约束及"敌意风险"治理》，《中国软科学》2017年第3期。

毕世鸿：《缅甸民选政府上台后日缅关系的发展》，《印度洋经济体研究》2014年第3期。

毕世鸿、田庆立：《日本对缅甸的"价值观外交"及其与民盟政府关系初探》，《东南亚研究》2016年第4期。

蔡亮亮等：《论参与式发展在海外投资中的意义——以中国对缅甸投资为例》，《现代商业》2014年第4期。

曹洪、曹凯、刘立军：《湖南省域经济社会地域分异规律探讨》，《国土资源科技管理》2010年第4期。

陈初昇、刘晓丹、衣长军：《海外华商网络、东道国制度环境对中国OFDI的影响——基于"一带一路"的研究视角》，《福建师范大学学报》（哲学社会科学版）2017年第1期。

陈根：《中国海外投资中的环境问题及其对策研究》，《青年与社会》2014年第17期。

陈建山:《冷战后印(度)缅关系研究》,博士学位论文,暨南大学,2015年。

陈万卷:《中国企业境外投资中有关非市场风险的问题》,《对外经贸实务》2013年第22期。

陈霞枫:《缅甸改革对中缅关系的影响及中国的对策》,《东南亚研究》2013年第1期。

陈湘球:《海外企业在缅开发的创新思考》,《北京石油管理干部学院学报》2016年第1期。

陈湘球:《中国企业在缅甸投资的商务模式初探》,《能源》2017年第6期。

陈晓艳:《近代美国排华根本原因辨析》,《杭州大学学报(哲社版)》1998年第3期。

陈泽明、苗明杰:《基于区域三维空间的投资环境优化研究》,《经济体制改革》2006年第1期。

楚天骄、杜德斌:《世界主要国家(地区)R&D投资环境评价》,《软科学》2005年第3期。

崔宏楷:《中国区域投资环境评价研究》,博士学位论文,东北林业大学,2007年。

邓宏兵:《投资环境评价原理与方法》,中国地质大学出版社2000年版。

丁鸿君、李妍:《中国OFDI对"一带一路"沿线国家经济增长影响:基于文化距离的视角》,《文化产业研究》2017年第2期。

董莉军:《中国对外直接投资的政策动因——一个新的实证研究》,《技术经济与管理研究》2011年第11期。

杜兰:《"一带一路"建设背景下中国与缅甸的经贸合作》,《东南亚纵横》2017年第1期。

杜奇睿、陈丽阳：《新政府时期中国企业在缅甸投资的机遇与挑战研究》，《中国经贸》2016年第7期。

杜远阳、林震：《区域经济与投资软环境建设探讨》，《集团经济研究》2007年第32期。

范兆斌、杨俊：《海外移民网络、交易成本与外向型直接投资》，《财贸经济》2015年第4期。

方雄普：《六十年代缅甸的来华事件》，《侨园》2001年第4期。

费洪媛：《浅谈当前美国积极推进与缅甸关系的表现》，《企业家天地》2013年第3期。

冯飞：《缅甸政治经济转型对中国在缅甸投资的影响与思考》，《长江丛刊》2016年第19期。

傅博杰、冷疏影、宋长青：《新时期地理学的特征与任务》，《地理科学》2015年第8期。

高歌：《缅甸民主进程下中缅经贸合作分析》，《东南亚纵横》2013年第4期。

顾国达、张正荣：《文化认同在外商直接投资信号博弈中的作用分析》，《浙江社会科学》2007年第1期。

郭锐：《冷战后地缘理论的发展与嬗变——学理依据、研究框架与后现代转向》，《教学与研究》2012年第11期。

郭信昌、刘恩专：《投资环境分析·评价·优化》，中国物价出版社1993年版。

韩越、吴红梅、李彦鸿：《滇缅农业产业园区建设的构想》，《印度洋经济体研究》2014年第6期。

韩召颖、田光强：《试评近年日本对缅甸官方发展援助政策》，《现代国际关系》2015年第5期。

贺灿飞等：《基于关系视角的中国对外直接投资区位》，《世界地理研苑》2013年第4期。

贺圣达、李晨阳：《缅甸民族的种类和各民族现有人口》，《广西民族大学学报》（哲学社会科学版）2007年第1期。

洪晔：《中国企业海外投资的区域风险预警系统研究》，《中国外资》2013年第4期。

胡博、李凌：《我国对外直接投资的区位选择——基于投资动机的视角》，《国际贸易问题》2008年第12期。

胡尧瑶：《20世纪初期印尼排华骚乱的经济因素》，《理论观察》2007年第1期。

黄朝永：《区域投资环境评价系统化研究》，《地域研究与开发》1999年第2期。

黄丽馨：《东盟十国的投资环境分析与我国企业"走出去"战略》，《时代经济旬刊》2007年第10期。

黄晓军、黄馨：《长春市物质环境与社会空间耦合的地域分异》，《经济地理》2012年第6期。

黄义华、莫令饿、吴星华：《关于欠发达地区投资发展软环境建设的思考》，《江西青年职业学报》2009年第1期。

吉芯莹、陈斌：《云缅甸公众意识的觉醒对中国在缅投资形象的影响研究》，《经贸实践》2015年第6期。

江玮：《中美企业角力转型期缅甸——缅甸企业家称："密松大坝"事件之后，中国对缅甸投资降温》，《中国企业报》2012年第9期。

蒋冠宏、蒋殿春：《中国对发展中国家的投资——东道国制度重要吗》，《管理世界》2012年第11期。

蒋冠宏：《制度差异、文化距离与中国企业对外直接投资风险》，《世界经济研究》2015年第8期。

蒋满元：《东南亚经济与贸易》，中南大学出版社2012年版。

匡海波：《企业的社会责任》，清华大学出版社2010年版。

雷著宁、孔志坚：《中国企业投资缅甸的风险分析与防范》，《亚非纵横》2014年第4期。

李灿松等：《基于行为主体的缅甸排华思潮产生及其原因解析》，《世界地理研究》2015年第2期。

李晨阳：《缅甸联邦共和国宪法（一）（2008年）》，古龙驹译，《南洋资料译丛》2009年第1期。

李晨阳、宋少军：《缅甸对"一带一路"的认知和反应》，《南洋问题研究》2016年第4期。

李家真：《对外投资面临的政治风险及其对策研究——以中国对缅甸投资为例》，《今日中国论坛》2013年第1期。

李均力等：《亚洲中部干旱区湖泊的地域分异性研究》，《干旱区研究》2013年第6期。

李丽：《以ISO26000促进中国企业"走出去"的思路与建议——基于密松水电站项目的思考》，《国际商务》（对外经贸大学学报）2015年第1期。

李述晟：《制度视角下的中国对外直接投资促进机制研究，博士学位论文，首都经贸大学，2013年。

李涛：《1988年货来日缅关系新发展初探》，《南洋问题研究》2011年第2期。

李昕：《从"孤立"到"互联互通"——印度对缅甸外交演变》，《东南亚研究》2014年1月。

李欣：《1990年代中国大城市外商直接投资选址空间分布特征研究》，同济大学出版社2006年版。

厉以宁：《市场经济大辞典》，新华出版社1993年版。

梁茂林等：《中国与中南半岛国家双边关系演进及形成机理研究》，

《世界地理研究》2017年第3期。

梁雪:《2010年缅甸大选以来中国对缅甸投资风险分析》,《外交学院》2016年第15期。

廖亚辉等:《缅甸经济社会地理》,世界图书出版广东有限公司2014年版。

林嵩:《国内外嵌入型研究述评》,《技术经济》2013年第5期。

林嵩、许健:《企业的嵌入性研究述评》,《工业技术经济》2016年第11期。

刘德会:《奥巴马政府的对缅政策与美缅关系的改善》,《东南亚研究》2013年第1期。

刘红忠:《中国对外直接投资的实证研究及国际比较》,复旦大学出版社2001年版。

刘宏、苏杰芹:《中国对外直接投资的现状与问题研究》,《国际经济合作》2014年第7期。

刘洪明:《中国各地区投资环境的对比分析》,《地域研究与开发》1996年第6期。

刘景:《中企对缅甸投资的机遇与挑战》,《中国有色金属》2015年第16期。

刘强:《2011年以来中缅关系中的大国因素研究》,博士学位论文,云南大学,2016年。

刘翔峰:《缅甸的产业发展及中缅贸易投资》,《全球化》2014年第4期。

刘一问、王俊昌、赵建华:《"一带一路"倡议下对缅甸投资盈利模式与风险控制——以资源开发项目为例》,《湖北师范大学学报》2017年第6期。

刘志强、王明全、金剑:《国内外地域分异理论研究现状及展望》,

《土壤与作物》2017年第1期。

刘志强：《制度与中国对外直接投资的理论与实证——企业异质性及区域制度环境异质性视角》，博士学位论文，对外经济贸易大学，2014年。

刘志强：《中国对外直接投资现状和政策建议》，《国际经济合作》2013年第1期。

刘祖昕等：《缅甸农业发展现状与中缅农业合作探析世界农业》2015年第9期。

卢光盛、黄德凯：《如何在缅甸大选之后维护中缅经济合作的势头》，《世界知识》2016年第3期。

卢光盛、金珍：《缅甸政治经济转型背景下的中国对缅投资》，《南亚研究》2013年第3期。

卢光盛、李晨阳、金珍：《中国对缅甸的投资与援助：基于调查问卷结果的分析》，《南亚研究》2014年第1期。

卢光盛：《中国对缅甸投资遭受环境和社会问题非议的原因》，《世界知识》2012年第24期。

鲁明泓：《外商直接投资区域分布与中国投资环境评估》，《经济研究》1997年第12期。

鲁明泓：《制度因素与国际直接投资：一项实证研究》，《经济研究》1999年第7期。

鲁明泓：《中国不同地区投资环境的评估与比较》，《经济研究》1994年第2期。

陆如泉、李晨成、段一夫：《中缅油气合作：新形势新挑战新思维》，《国际石油经济》2015年第6期

罗俊红：《排华浪潮兴起的种族主义根源》，《宜春学院学报》2012年第5期。

骆乐：《近年来印细关系升温评析》，《长春教育学院学报》2014 年第 14 期。

雒海潮、苗长虹：《西方经济地理学文化转向的哲学思考》，《人文地理》2014 年第 5 期。

麻彦春、郑克国、刘世峰：《投资软环境综合评价体系研究》，《商业经济研究》2006 年第 25 期。

马成俊、羊中太、傅利平：《藏区社会稳定的影响因素、评估维度与治理机制创新研究》，《西南民族大学学报》（人文社会科学版）2017 年第 1 期。

马勇：《越南、老挝、缅甸外商投资法律环境即法律风险》，《印刷世界》2009 年第 S1 期。

毛汉英等：《粤东沿海地区外向型经济发展与投资环境研究》，中国科学技术出版社 1994 年版。

苗长虹：《变革中的西方经济地理学：制度、文化、关系与尺度转向》，《人文地理》2004 年第 4 期。

欧阳碧媛：《中国企业对缅甸直接投资的风险及对策研究》，《经济研究参考》2016 年第 29 期。

彭义展：《投资环境与区域经济发展探讨》，《青年科学》2013 年第 11 期。

祁庆富：《西南夷》，吉林教育出版社 1990 年版。

綦建红、杨丽：《中国 OFDI 的区位决定因素——基于地理距离与文化距离的检验》，《经济地理》2012 年第 32 期。

秋石：《巩固党和人民团结奋斗的共同思想基础》，《求是》2013 年第 20 期。

任琳：《中国在缅甸投资这些政治风险不得不防》，《腾讯财经智库》2015 年。

沈滨、温晓琼：《论西部地区投资软环境建设的制约因素及对策》，《甘肃金融》2005年第4期。

施爱国：《浅析近年来的美国对缅甸政策及其前景》，《和平与发展》2014年第1期。

史柏年：《社区治理》，中央广播电视大学出版社2004年版。

宋涛：《中国对缅甸直接投资的发展特征及趋势研究》，《世界地理研究》2016年第4期。

苏晓时：《域外势力加大对缅甸介入及其影响》，《当代世界》2015年第6期。

天津科学技术委员会：《投资环境的评价与改善》，科学技术出版社1993年版。

王动：《对外直接投资区域选择研究——以中国为投资国的视角》，《经济管理》2014年第4期。

王慧炯、闵建蜀：《中国的投资环境》，京港学术交流中心出版社1987年版。

王嘉玲：《基于企业社会责任视角的中资企业投资缅甸的问题及对策研究》，硕士学位论文，广西大学，2017年。

王鹏：《物流企业的嵌入性研究》，《中国物流与采购》2010年第16期。

王守伦等：《投资软环境建设与评价研究》，中国社会科学出版社2009年版。

王笑寒：《区域投资环境评价体系研究》，硕士学位论文，兰州商学院，2009年。

王逸舟：《创造性介入：中国外交新取向》，北京大学出版社2011年版。

王元京、叶剑峰：《国内外投资环境指标体系的比较》，《经济理论与经济管理》2003 年第 7 期。

韦健锋：《中国与印度在细甸的地缘利益碰撞》，《亚非纵横》2014 年第 2 期。

魏后凯、刘长全：《中国利用外资的负面效应及战略调整思路》，《河南社会科学》2006 年第 5 期。

闻开琳：《中国对外直接投资决定因素实证研巧——基于东道国国家特征》，《世界经济情况》2009 年第 10 期。

吴芳芳：《中国对外投资合作中的企业社会责任问题研究》，《产业与科技论坛》2013 年第 4 期。

谢孟军：《法律制度质量对中国对外直接投资区位选择影响研究——基于投资动机视角的面板数据实证检验》，《国际贸易探索》2013 年第 6 期。

谢孟军：《目的国制度对中国出口和对外投资区位选择影响研究》，博士学位论文，山东大学，2014 年。

熊伟、熊英：《论文化全面影响对外直接投资的机制——以修正的国际生产折中理论为基础》，《改革与战略》2008 年第 6 期。

徐海洁、叶庆祥：《跨国公司本地嵌入失效的表现和成因研究》，《浙江金融》2007 年第 8 期。

徐凯、刘向东：《"十二五"时期中国企业对外投资的战略规划研究》，《国际贸易》2010 年第 12 期。

徐秀良、杨飞：《吴登盛执政时期缅甸的外资投资环境》，《东南亚南亚研究》2016 年第 4 期。

许亦：《美国重返东南亚背景下的美缅关系研究及对中国的影巧》，硕士学位论文，暨南大学，2013 年。

许芷君：《中企拿下缅甸炼油厂大单背后的故事》，《凤凰周刊》2016 年第 14 期。

薛求知、朱吉庆：《中国对外直接投资发展阶段的实证研巧》，《世界经济研究》2007年第2期。

薛紫臣：《缅甸国际直接投资环境分析》，《现代国际关系》2015年第6期。

杨建清、周志林：《我国对外直接投资对国内产业升级影响的实证分析机》，《经济地理》2013年第4期。

杨智：《转型时期社会稳定指标体系与评价指数体系研究》，《法学评论（双月刊）》2014年第3期。

姚永华等：《我国对外投资发展阶段的实证分析》，《国际贸易问题》2006年第10期。

于运全、翟慧霞：《2014中国企业海外形象调查报告》，《对外传播》2014年第10期。

喻顶成：《"一带一路"倡议视野中的中国对缅甸投资》，《中国领导科学》2016年第2期。

原瑞玲、翟雪玲：《"一带一路"背景下中国与缅甸农业投资合作分析》，《中国经贸导刊》2017年第16期。

张炳雷：《国有企业海外投资的困境分析：一个社会责任的视角》，《经济体制改革》2011年第4期。

张炳照：《加强投资软环境建设，实现城市发展新飞跃——关于大连市投资软环境建设的调查报》《大连干部学刊》2001年第3期。

张红河：《软环境建设与区域经济发展》，《河北大学学报》（哲学社会科学版）2001年第3期。

张宏、王建：《东道国区位因素与中国OFDI关系研究——基于分量回归的经验证据》，《中国工业经济》2009年第6期。

张力付：《影响我国企业对外投资因素研究》，《中国工业经济》2008年第11期。

张娜：《中国对外直接投资出现"断崖"分析：理性前行》，《全国流通经济》2018年第8期。

张彦：《中国对缅甸投资风险中的非政府（NGO）组织因素分析》，《对外经贸实务》2016年第12期。

赵明亮：《国际投资风险因素是否影响中国在"一带一路"国家的OFDI——基于扩展投资引力模型的实证检验》，《国际贸易探索》2017年第2期。

郑国富：《缅甸新政府执政以来外资格局"大洗牌"与中国应对策略》，《对外经贸实务》2015年第1期。

钟智翔：《缅甸文化带：一种地域文化的行成》，《解放军外国语学院学报》2000年第5期。

周含宇：《美国对缅政策评论》，《现代国际关系》2013年第2期。

周建、肖淑玉、方刚：《东道国制度环境对我国外向FDI的影响分析》，《经济与管理研究》2010年第7期。

周凌霄：《东道国文化环境对跨国公司直接投资行为的影响》，《亚太经济》2006年第1期。

周宁：《中国缅甸政策检讨》，《凤凰周刊》2013年第1期。

周小毛：《论社会稳定质量》，《湖南师范大学社会科学学报》2015年第6期。

朱立：《经济政治化：中国投资在缅甸的困境与前景》，《印度洋经济体研究》2014年第3期。

祝湘辉：《缅甸新政府的经济政策调整及对我国投资的影响》，《东南亚南亚研究》2013年第2期。

［美］塞缪尔·亨廷顿：《文明的冲突与世界秩序的重建》，新华出版社2002年版。

［缅］敏登：《缅甸若开邦"罗兴伽人"研究》，《南洋问题研究》

2013年2月。

［缅］敏辛：《缅甸人对中国人的态度：中国人在当代缅甸文化和媒体中的形象》，《南洋资料译丛》2014年第4期。

［缅］钦佐温：《佛教与民族主义——缅甸如何走出民族主义的泥沼》，《南洋问题研究》2016年第1期。

［泰］黄瑞真：《拉玛六世的民族主义与排华思想及其影响》，《南洋问题研究》2001年第2期。

二　英文文献

Adler P. S. and Kwon S., "Social Capital: Prospects for a New Concept", *Academy of Management Review*, Vol. 27, No. 1, 2002.

Agrwal J. and Fells D., "Political Risk and the Internationalization of Firms: An Empirical Study of Canadian-based Export and FDI Firms", *Canadian Journal of Administrative Siences*, Vol. 24, No. 3, 2010.

Allen D. G., "Do Organization Serialization Tactics Influence New-comer Embeddednessand Turnover?" *Journal of Management*, Vol. 32, No. 2, 2006.

Balbir B. Bhasin, *Doing Business in the Asean Countries*, U. S. A.: Business Expert Press, 2010.

Barden J. Q. and Mitchell W., "Disentangling the Influence of Leaders' Relational Embeddednes on the Interognaizational Exchange", *Academy of Management Journal*, Vol. 50, No. 6, 2007.

Buckley P. J., "The Determinants of Chinese Outward Foreign Direct Investment", *Journal of International Business Studies*, No. 38, 2007.

Cai K. G., "Outward Foreign Direct Investment: A Novel Dimension of China's Integration into the Regional and Global Economy", *The China*

Quartly, Vol. 160, 1999.

Crilly D., Zollo M. and Hansen M. T., "Faking It or Mudding Through? Understanding Decoupling in Response to Stake-holder Pressures", *Academy of Management Journal*, Vol. 55, No. 6, 2012.

Dacin M. T. and Ventresca M. J., eds., "The Embededness of Organizations: Dialogue Directions", *Journal of Management*, Vol. 25, No. 3, 1999.

David Steinberg, "The United States and Myanmar: a 'Boutique Issue'?" *International Affairs*, 2010.

Deng R., "Outward investment by Chinese MNCs: Motivations and Implications", *Business Horizons*, Vol. 47, No. 3, 2004.

Dunning J. H. and Narula R., *Foreign Direct Investment and Governments*, London: Routledge, 1996.

Erdener C. and Shapiro D. M., "The Internationalization of Chinese Family Enterprises and International Crisis Group", *China's Myanmar Dilemma*, No. 9, 2009.

Gao T., "Foreign Direct Investment in China: How Big Are the Roles of Culture and Geography", *Pacific Economic Review*, Vol. 10, No. 2, 2005.

Globerman S and ShapiroD., "Governance Infrastructure and US Foreign DirectInvestment", *Journal of International Business Studies*, Vol. 34, No. 1, 2003.

GulatirGargiulom, "Where do Interorganizational Networks Come From", *American Journal of Sociology*, No. 104, 1999.

He W., Lyles M. A., "China's Outward Foreign Direct Investment", *Business Horizons*, Vol. 51, No. 6, 2008.

Hitt M. A., "Partner Selection in Emerging and Developed Market Contexts: Resource-Based and Organizational Learning Perspectives", *Academy of Management Journal*, Vol. 43, No. 3, 2000.

KokabrPrescottje, "Strategicalliancesas Social Capital: Flmulti—Dimensional View", *Strategic Manage-Merit Journal*, Vol. 23, No. 9, 2002.

Kolstad, "What Determines Chinese Outward FDI?" *Journal of WorldBusiness*, Vol. 47, No. 1, 2012.

Linjl and Fang-c, eds., "Network Embeddedness and Technology Transfer Performancein R&D consortia in Taiwan", *Technovation*, No. 29, 2009.

Luo Y., Xue Q. and Han B., "How Emerging Market Governments Promote Outward FDI: Experience from China", *Journal of World Business*, No. 9, 2010.

Morck R., and Yeung B. eds., "Perspectives of China's Outward Foreign Derect Investment", *Journal of International Business Studies*, Vol. 39, No. 3, 2008.

Morse E. A., Fowler S. W. and Lawrence T. B., "Impact of Virtual Embeddedness on New Venture Survival: Overcoming the Liabilities of Newness", *Entrepreneurship Theory and Practice*, Vol. 31, No. 2, 2007.

North C. C., "Community Orgnization", *American Journal of Sociology*, Vol. 2, No. 1, 1990.

North D. C., *InstitutionInstitutional Change and Economic Performance*, America: Cambridge University Press, 1990.

Peng M. W. and Luo Y., "Managerial Ties and Firm Performance in a TransitionEconomy: The Nature of a Micro-Macro Link", *Academy of Management Journal*, Vol. 43, No. 3, 2000.

Polanyi K., *The Great Transformation—The Political and Econornic Origins of Our Time*, Boston: Beacon Press by Arrangement with Rinehart &

Company Inc., 1994.

Ramasamy B. and Yeung M., eds., "China's Outward Foreign Direct Investment: Location Choice and Firm Ownership", *Journal of World Business*, Vol. 47, No. 1, 2012.

Rooks G, Matzat U., "Cross-national Difference in Effects of Social Embeddedness on Trust: A Comparative Study of German and Dutch Business Transactions", *The Social Science Journal*, Vol. 47, No. 1, 2010.

Rowley T. J., "Moving Beyond Dyadic Ties: A Network Theory of Stakeholder Influences", *Academy of Management Review*, Vol. 22, NO. 4, 1997.

Sadan Mandy, *Being and Becoming Kachin: Histories Beyond the State in the Borderworlds of Burma*, Oxford: Oxford University Press. 2013.

Sayer A., "Cultural Studies and the Economy, Stuoid'" *Enviroment and Planning: Society and Space*, No. 12, 1994.

Sparke M., "From Geopolitics to Geoeconomics: Transnational State Effects in the Borderlands", *Geopolitics*, Vol. 3, No. 2, 1998.

Thirft N., *Pandora's Box? Cultural Geographies of Economies*, *The Oxford Handbook of Economic Geography*. London: Oxford University Press, 2000.

Uzzi B., "Social Structure and Competition in Interfirm Networks: The Paradox of Embeddedness", *Administrative Science Quarterly*, Vol. 42, No. 1, 1997.

Uzzi B., The Sources and Consequences of Embeddedness for the Economic Performance of Organizations: The Network Effect", *American Sociological Review*, Vol. 61, No. 4, 1996.

Yeung H. W. C., "Practicing New Economic Geographies: A Merhodological Examination", *Annual of the Associationa of American Geographers*, Vol. 92, No. 20, 2003.

Yun Sun, "Chinese Investment in Myanmar: What Lies Ahead?" *Great Powers and Changing Myanmar*, No. 1, 2013.

Zin Min, "Burmese Attitude toward Chinese: Portrayal of the Chinese in Contemporary Cultural and Media Works", *Journal of Current Southeast Asian Affairs*, Vol. 31, No. 3, 2012.

Zukin S., Dimaggio P., *Structures of Capital: The Social Organization of the Economy*, Cambridge University Press, 1990.